NEGOCIAÇÃO E SOLUÇÃO DE CONFLITOS

O GEN | Grupo Editorial Nacional – maior plataforma editorial brasileira no segmento científico, técnico e profissional – publica conteúdos nas áreas de ciências sociais aplicadas, exatas, humanas, jurídicas e da saúde, além de prover serviços direcionados à educação continuada e à preparação para concursos.

As editoras que integram o GEN, das mais respeitadas no mercado editorial, construíram catálogos inigualáveis, com obras decisivas para a formação acadêmica e o aperfeiçoamento de várias gerações de profissionais e estudantes, tendo se tornado sinônimo de qualidade e seriedade.

A missão do GEN e dos núcleos de conteúdo que o compõem é prover a melhor informação científica e distribuí-la de maneira flexível e conveniente, a preços justos, gerando benefícios e servindo a autores, docentes, livreiros, funcionários, colaboradores e acionistas.

Nosso comportamento ético incondicional e nossa responsabilidade social e ambiental são reforçados pela natureza educacional de nossa atividade e dão sustentabilidade ao crescimento contínuo e à rentabilidade do grupo.

Dante Pinheiro Martinelli
Ana Paula de Almeida
Melissa Franchini Cavalcanti Bandos

NEGOCIAÇÃO E SOLUÇÃO DE CONFLITOS

Do impasse ao ganha-ganha com o melhor estilo

2ª edição

- Os autores deste livro e a editora empenharam seus melhores esforços para assegurar que as informações e os procedimentos apresentados no texto estejam em acordo com os padrões aceitos à época da publicação, *e todos os dados foram atualizados pelos autores até a data de fechamento do livro*. Entretanto, tendo em conta a evolução das ciências, as atualizações legislativas, as mudanças regulamentares governamentais e o constante fluxo de novas informações sobre os temas que constam do livro, recomendamos enfaticamente que os leitores consultem sempre outras fontes fidedignas, de modo a se certificarem de que as informações contidas no texto estão corretas e de que não houve alterações nas recomendações ou na legislação regulamentadora.

- Data do fechamento do livro: 31/07/2020

- Os autores e a editora se empenharam para citar adequadamente e dar o devido crédito a todos os detentores de direitos autorais de qualquer material utilizado neste livro, dispondo-se a possíveis acertos posteriores caso, inadvertida e involuntariamente, a identificação de algum deles tenha sido omitida.

- **Atendimento ao cliente:** (11) 5080-0751 | faleconosco@grupogen.com.br

- Direitos exclusivos para a língua portuguesa
  Copyright © 2020 by
  Editora Atlas Ltda.
  Uma editora integrante do GEN | Grupo Editorial Nacional
  Travessa do Ouvidor, 11
  Rio de Janeiro - RJ - 20040-040
  www.grupogen.com.br

- Reservados todos os direitos. É proibida a duplicação ou reprodução deste volume, no todo ou em parte, em quaisquer formas ou por quaisquer meios (eletrônico, mecânico, gravação, fotocópia, distribuição pela Internet ou outros), sem permissão, por escrito, da Editora Atlas Ltda.

- Capa: Rejane Megale
- Editoração eletrônica: Set-up Time Artes Gráficas

- Ficha catalográfica

CIP-BRASIL. CATALOGAÇÃO NA PUBLICAÇÃO
SINDICATO NACIONAL DOS EDITORES DE LIVROS, RJ

M335n
2. ed.

Martinelli, Dante P.
Negociação e solução de conflitos : do impasse ao ganha-ganha com o melhor estilo / Dante P. Martinelli, Ana Paula de Almeida, Melissa Franchini Cavalcanti Bandos. - 2. ed. - São Paulo: Atlas, 2020.

Inclui bibliografia
ISBN 978-85-97-02449-4

1. Negociação (Administração de empresas). 2. Administração de conflitos. I. Almeida, Ana Paula de. II. Bandos, Melissa Franchini Cavalcanti. III. Título.

20-64224
CDD: 658.405
CDU: 658.310.42

Meri Gleice Rodrigues de Souza - Bibliotecária CRB-7/6439

Às minhas queridas filhas, Tatiana, Patrícia e Silvia, que, em tantos momentos importantes de suas vidas, tiveram que abrir mão de muitos períodos da convivência com seu pai, mesmo que essa não fosse sua opção, esperando que elas compreendam essa necessidade em prol de uma contribuição que se tornava emergente em termos desta publicação, dedico este livro com todo o meu amor e carinho.

Dante P. Martinelli

Aos meus irmãos, Maria Cristina e Nilton Junior, com carinho especial, por também fazerem parte desta caminhada e serem peças fundamentais da família que tanto amo e respeito.

Ana Paula de Almeida

Aos meus pais, Saul (*in memoriam*) e Rita, ao meu marido, Rogério, aos meus filhos, Giorgio e Antonella, e às minhas irmãs, Milena e Maricy, dedico este livro com todo meu amor e carinho. Agradeço todo o apoio recebido e a constante compreensão pela minha ausência ao longo deste trabalho.

Melissa Franchini Cavalcanti Bandos

SOBRE OS AUTORES

Dante Pinheiro Martinelli
Professor titular aposentado da Faculdade de Economia, Administração e Contabilidade de Ribeirão Preto da Universidade de São Paulo (FEA-RP/USP). Possui graduação em Economia (1978), graduação em Administração (1978), mestrado em Administração (1987), doutorado em Administração (1995) e livre-docência (1999) pela Faculdade de Economia, Administração e Contabilidade da Universidade de São Paulo (FEA/USP). Realizou programas de pós-doutorado no Canadá, na Universidade HEC (École des Hautes Études Commerciales), em Montreal, e na Universidade do Quebec, em Trois-Rivières, em 2001 e 2002.

Tem experiência na área de Administração, com ênfase em Administração de Pequenas e Médias Empresas (PME), atuando principalmente nos seguintes temas: visão sistêmica, negociação, desenvolvimento local e o papel das pequenas e médias empresas, simulação empresarial e jogos de empresas. Autor de dezesseis livros e de dezenove capítulos de livro sobre negociação, visão sistêmica, desenvolvimento local e pequenas e médias empresas. Autor de mais de 180 artigos completos em periódicos e em anais de congressos, no país e no exterior. Concluiu a orientação de dezessete mestres e dez doutores.

Foi Coordenador de Administração Geral (CODAGE) na Reitoria da USP. Foi Coordenador de Ciência, Tecnologia e Inovação da Secretaria de Desenvolvimento do Governo do Estado de São Paulo. É vice-presidente de Inovação e Tecnologia do Instituto para a Valorização da Educação e da Pesquisa no Estado de São Paulo (IVEPESP) desde a sua fundação, em 2009. Foi presidente da Comissão de Orçamento e Patrimônio (COP) da USP. De agosto de 2014 a agosto de 2018, foi Diretor da FEA-RP/USP. Foi Diretor Financeiro e Diretor de Recursos Humanos do Instituto de Pesquisas Tecnológicas (IPT). Atualmente, é consultor de empresas na área de Gestão.

Ana Paula de Almeida
Atua como Administradora de Empresas no varejo, com experiência em gestão de franquias. Possui graduação em Administração de Empresas (1997) pela Faculdade de Economia, Administração e Contabilidade de Ribeirão Preto da Universidade de São Paulo (FEA-RP/USP) e graduação em Direito (1999) pela Universidade de Ribeirão Preto (UNAERP). Ganhadora do III Monografiat (Concurso de Monografias da FIAT do Brasil) e autora de artigos publicados em congressos no Brasil e no exterior. Participou de curso sobre Negociação e Mediação, em nível de pós-graduação, na Universidade de Hull, Inglaterra (1997).

Melissa Franchini Cavalcanti Bandos

Atua como Pró-Reitora de Administração e professora da graduação e da pós-graduação *stricto* e *lato sensu* no Centro Universitário Municipal de Franca (Uni-FACEF). Possui graduação em Administração de Empresas (1997) pela Faculdade de Economia, Administração e Contabilidade de Ribeirão Preto da Universidade de São Paulo (FEA-RP/USP), graduação em Direito (1998) pela Universidade de Ribeirão Preto (UNAERP), mestrado em Administração (2003) e doutorado em Administração (2008) pela Faculdade de Economia, Administração e Contabilidade da Universidade de São Paulo (FEA/USP). Realizou programa de pós-doutorado na Inglaterra, na Manchester Metropolitan University, em 2019. Participou de curso sobre Negociação e Mediação, em nível de pós-graduação, na Universidade de Hull, Inglaterra (1997).

Entre os anos de 2010 e 2016, atuou como Pró-Reitora de Extensão Comunitária e Desenvolvimento no Uni-FACEF. Tem experiência nas áreas de Administração e Direito, atuando nos seguintes temas: desenvolvimento regional, políticas públicas, abordagem sistêmica e negociação. Organizou nove livros. Autora de capítulos de livro sobre negociação, visão sistêmica e políticas públicas, artigos completos em periódicos e artigos em anais de congressos, no país e no exterior. Concluiu a orientação de doze mestres.

É membro do corpo editorial do periódico *Revista Eletrônica de Administração* (REA). É membro do Grupo de Sistemas da FEA-RP/USP desde sua fundação como Grupo-Laboratório, em 1994. Foi responsável pela organização dos 4º, 7º e 11º Congressos Brasileiros de Sistemas. Atuou como pesquisadora do Center for Organization Studies (CORS). É coordenadora do Grupo de Estudos do Desenvolvimento (GEDE).

PREFÁCIO À SEGUNDA EDIÇÃO

A negociação e a solução de conflitos são assuntos presentes no dia a dia de qualquer indivíduo, por isso o tema é de grande relevância e interesse. De maneira específica, no ambiente organizacional, negociar e solucionar conflitos fazem parte da rotina dos executivos, tendo em vista as necessidades, os interesses e as ideias diversas que surgem no ambiente de trabalho a partir dos relacionamentos humanos.

Nos últimos 20 anos desde a publicação de *Negociação e solução de conflitos: do impasse ao ganha-ganha através do melhor estilo,* o objetivo dos autores foi contribuir para a bibliografia da área, permitindo aos seus leitores reflexões, percepções e conhecimentos fundamentais sobre o tema, aplicado em situações do cotidiano e também no contexto organizacional.

Pode-se afirmar que, ao longo desse período, a temática foi se consolidando no país. Contudo, a abordagem dos estilos para a melhor condução de uma negociação, diferencial deste livro, continua objeto de poucas publicações e de grande aceitação pelo público em geral, pois conhecer os estilos e suas aplicações no contexto de negociação auxilia na solução de conflitos e na busca pelo acordo.

Durante esse tempo, o livro foi muito utilizado como fonte de consulta no ambiente organizacional e amplamente abordado no ambiente acadêmico, isto é, nas diversas disciplinas de negociação ministradas em cursos de graduação e pós-graduação nas instituições de ensino do país, preparando os executivos na prática da negociação, além de ser citado como referência em diversas publicações científicas.

Nesse sentido, visando atualizar a discussão iniciada na primeira edição, esta segunda edição consolida o debate em torno dos principais conceitos de negociação, descreve o conflito e os seus vários aspectos e apresenta as classificações de estilos de negociação e de solução de conflitos. A importância de se conhecer os estilos é grande, pois auxilia o negociador a reconhecer seu comportamento, bem como das outras pessoas envolvidas, tornando-se diferencial para ser bem-sucedido em um processo de negociação.

Dentre as principais alterações introduzidas por esta edição, destacam-se a nova formatação dos capítulos, permitindo ao leitor compreender os objetivos de aprendizagem no início de cada capítulo, a introdução das seções "Você sabia?", "Atenção" e "Importante", e a inclusão de um resumo executivo com os principais pontos abordados pelo capítulo. Além disso, houve a atualização das referências, bem como a reorganização do capítulo que tratava dos exemplos, trazendo questões ao final de cada exemplo.

Esperamos que a atual edição traga importantes reflexões ao público geral neste envolvente tema.

Os Autores

PREFÁCIO À PRIMEIRA EDIÇÃO

Antes mesmo que nosso primeiro livro, *Negociação: como transformar confronto em cooperação,* tivesse sido publicado, quando ainda passava pelas revisões finais na Editora, sentimos necessidade de deixar uma contribuição sobre um assunto que vinha crescendo cada vez mais em importância e que estava muito ligado ao assunto do primeiro livro.

Esse tema, que vínhamos estudando muito nos últimos meses, ligava-se à utilização dos estilos de negociação para o melhor encaminhamento e solução dos conflitos que surgem em nosso dia a dia. Assim, trabalhamos arduamente, desenvolvendo o material que veio a constituir-se neste segundo livro sobre o assunto Negociação e Conflitos.

Os estilos de negociação são fundamentais para a solução de conflitos. Assim, conhecer as diversas classificações existentes, bem como as diferenças entre os estilos, torna-se fundamental para lidar com os conflitos da melhor maneira possível. A importância de conhecer os estilos é muito grande, tanto no que se refere a nosso próprio estilo pessoal quanto ao estilo das outras pessoas envolvidas no processo. Além disso, torna-se essencial saber que as pessoas mudam seu estilo ao longo das negociações, bem como podem ter componentes de diversos estilos simultaneamente.

Este tema é envolvente e leva-nos a buscas contínuas sobre o assunto, tanto em termos teóricos quanto no que se refere às questões práticas de nosso dia a dia, abrindo enorme campo para novas pesquisas e reflexões.

Os Autores

AGRADECIMENTOS

Gostaríamos de agradecer a todos que auxiliaram na realização do projeto da primeira edição, bem como desta segunda edição. Saber que tantas pessoas estiveram ao nosso lado, em diferentes momentos, cada uma à sua maneira, sempre nos dando o apoio necessário e indispensável para levar ao fim esta tarefa dura, porém extremamente gratificante, foi algo que nos trouxe uma grande satisfação e o desejo de retribuir a todos ao longo da nossa vida.

Se fôssemos tentar agradecer individualmente a cada um que nos auxiliou de diferentes maneiras, correríamos o risco de esquecer alguém e esta lista de agradecimentos com certeza se tornaria imensa. Assim, agradecemos aos alunos que participaram dos cursos de Negociação e contribuíram com ideias e trabalhos que foram muito úteis para este livro e a todos que, de alguma forma, nos deram auxílios fundamentais nessa tarefa tão difícil, porém ao mesmo tempo tão gratificante.

De maneira especial, gostaríamos de agradecer a Deus, por nos ter dado forças para chegar ao fim de mais essa empreitada, por permitir a realização desta segunda edição, simbolizando a união de três amigos, autores deste livro, cuja amizade se iniciou no ambiente universitário e se expandiu para a vida. São mais de 25 anos de aprendizado, trocas, crescimento pessoal e profissional. Obrigado por tanto!

Material Suplementar

Este livro conta com os seguintes materiais suplementares:

- Sugestões de Respostas: Exemplos Práticos 1 e 2 (acesso livre).
- Sugestões de Respostas: Exemplos Práticos 3 a 10 (disponível apenas para docentes).

O acesso aos materiais suplementares é gratuito. Basta que o leitor se cadastre e faça seu *login* em nosso *site* (www.grupogen.com.br), clicando em GEN-IO, no *menu* superior do lado direito.

O acesso ao material suplementar online fica disponível até seis meses após a edição do livro ser retirada do mercado.

Caso haja alguma mudança no sistema ou dificuldade de acesso, entre em contato conosco (gendigital@grupogen.com.br).

GEN-IO (GEN | Informação Online) é o ambiente virtual de aprendizagem do GEN | Grupo Editorial Nacional

SUMÁRIO

INTRODUÇÃO, 1

1 NEGOCIAÇÃO: CONCEITOS BÁSICOS, 3
1.1 O tema negociação, 3
1.2 Principais definições, 4
1.3 Habilidades básicas em negociação, 6
1.4 Variáveis básicas, 8
    1.4.1 Tempo, 8
    1.4.2 Poder, 9
    1.4.3 Informação, 10
1.5 Planejamento da negociação, 11
    1.5.1 Passos importantes, 11
    1.5.2 Etapas de uma negociação, 13
    1.5.3 Estratégias em negociação, 14
    1.5.4 Negociação efetiva, 17
1.6 Negociação e ética, 20
1.7 Negociações no mundo empresarial, 25
1.8 Negociações internacionais em um contexto globalizado, 29

2 CONFLITO, 33
2.1 Conflito: o que é e como entendê-lo, 33
2.2 Origens dos conflitos, 34
2.3 Efeitos positivos e negativos dos conflitos, 36
2.4 Análise dos conflitos, 38
2.5 Crescimento e desenvolvimento dos conflitos, 40
2.6 Situações de conflito: como enfrentá-las, 41
2.7 Administração dos conflitos, 42
2.8 Ações e resultados conforme tipo e intensidade do conflito, 45
    2.8.1 Conflito terminal, 45
    2.8.2 Conflito paradoxal, 46
    2.8.3 Conflito litigioso, 46
2.9 Situações de conflito nas organizações, 47
2.10 Natureza dos conflitos, 48
    2.10.1 Classificação de Lebel, 48

NEGOCIAÇÃO E SOLUÇÃO DE CONFLITOS

2.10.2 Classificação de Sparks, 50
2.11 Uma visão diferente sobre conflitos, 51
2.12 Percepções equivocadas sobre conflito, 53
2.13 Resolução dos conflitos, 54
2.13.1 Enfoques de resolução de conflito, 55
2.13.2 Passos para a resolução de conflitos, 57
2.14 Negociação nos conflitos, 57
2.15 Mediação e arbitragem na solução dos conflitos, 58
2.15.1 Mediação, 60
2.15.2 Arbitragem, 62

3 ESTILOS DE NEGOCIAÇÃO, 67
3.1 Classificação dos diversos estilos de negociação, 67
3.2 Abordagem apresentada por Sparks, 68
3.2.1 Estilos básicos, 69
3.2.2 Táticas básicas de cada estilo, 71
3.2.3 Diretrizes para lidar com os oponentes, 74
3.2.4 Mudança de estilos, 75
3.3 Classificação de Gottschalk, 75
3.4 Classificação LIFO de Atkins e Katcher, 81
3.5 Classificação de Marcondes, 88
3.6 Estilos comportamentais na realidade brasileira, 93

4 USO DOS ESTILOS NA SOLUÇÃO DE CONFLITOS, 99
4.1 Abordagem inicial, 99
4.2 Estilos na solução de conflitos, 100
4.3 A abordagem dos estilos associada ao *Dual Concern Model*, 102
4.4 Classificação proposta por Shell, 104
4.5 Uso dos diversos estilos e benefícios da resolução de conflitos bem-sucedida, 105

5 EXEMPLOS PRÁTICOS DE NEGOCIAÇÃO, 109
Exemplo 1: J. Walter Thompson Publicidade – caso Lux Luxo, 109
Exemplo 1: Questões, 112
Exemplo 2: Negociação comercial internacional – Empresa Frateschi, 112
Exemplo 2: Questões, 114
Exemplo 3: Acordo de paz no Oriente Médio, 114
Exemplo 3: Questões, 118
Exemplo 4: Tratado de Camp David, 118
Exemplo 4: Questões, 122
Exemplo 5: Negociação internacional – Rondini Comércio Exterior, 122
Exemplo 5: Questões, 124

Exemplo 6: Casamento de gente grande – Antarctica e Budweiser, 125
Exemplo 6: Questões, 128
Exemplo 7: Sequestro no Paraná, 128
Exemplo 7: Questões, 131
Exemplo 8: Os estilos de negociação de Hitler e de Gandhi em casos célebres, 131
Exemplo 8: Questões, 134
Exemplo 9: Negociação entre sem-teto e governo, 135
Exemplo 9: Questões, 137
Exemplo 10: Reação do Japão e da Coreia do Sul ao aumento da cota da União Europeia, 137
Exemplo 10: Questões, 138

CONSIDERAÇÕES FINAIS, 139

REFERÊNCIAS, 141

ÍNDICE ALFABÉTICO, 147

INTRODUÇÃO

A negociação e a solução de conflitos se fazem presente no cotidiano das pessoas. Dessa forma, negociar de maneira efetiva e explorar os aspectos positivos do conflito passam a ser diferencial na busca por um acordo e na manutenção de relações duradouras.

Esta obra, portanto, se destina às pessoas que, imersas em um ambiente de constante mudança e imbuídas de uma postura proativa, valorizam os relacionamentos interpessoais, identificam seus estilos e conseguem solucionar conflitos por meio da negociação.

O uso dos estilos e o conhecimento de suas características básicas direcionam a negociação para o bom encaminhamento da solução, em busca de um acordo duradouro na empresa, na sociedade, na escola, na família, isto é, nos diversos contextos em que o conflito se faz presente.

Norteado por essa proposta, o livro foi dividido em cinco capítulos: **Negociação, Conflito, Estilos de Negociação, Uso dos Estilos na Solução de Conflitos** e **Exemplos Práticos de Negociação.**

Assim, o Capítulo 1 traz uma visão geral do processo de negociação, as habilidades, as variáveis básicas envolvidas, seu planejamento, a importância da questão ética, bem como as implicações das negociações no ambiente no qual estão inseridas, como as empresas e o contexto internacional.

No Capítulo 2, apresentam-se os conceitos básicos sobre os conflitos, suas origens, principais classificações, seu crescimento em termos de importância, além das consequências, das ações possíveis e da maneira de lidar com eles.

O Capítulo 3 trata da importância e da abrangência dos diversos estilos de negociação, das diferentes visões e classificações, além da relevância de utilizar os estilos de maneira flexível.

No Capítulo 4, é dado destaque ao uso de estilos na solução de conflitos, discutindo os aspectos importantes a serem ponderados conforme o comportamento das partes em conflito, a partir de estilos específicos contextualizados em um *Grid Gerencial* de Duas Dimensões.

O Capítulo 5 apresenta um amplo conjunto de exemplos práticos e de experiências do dia a dia, em termos pessoais e empresariais, mostrando o uso dos estilos e demais aspectos fundamentais da negociação na solução dos conflitos.

Este livro não pretende esgotar o assunto, e sim consolidar os temas negociação e conflitos no contexto empresarial, com importância significativa na área de Gestão Organizacional e Administração. Acredita-se que as posições aqui apresentadas são ponto de partida para discussões, debates, reflexões, ideias e pesquisas sobre o assunto.

NEGOCIAÇÃO: CONCEITOS BÁSICOS

1

OBJETIVOS DE APRENDIZAGEM	■ Descrever a negociação a partir das principais definições. ■ Apresentar a negociação como habilidade básica. ■ Destacar as variáveis básicas de um processo de negociação. ■ Explicar o planejamento da negociação. ■ Discutir a importância da ética nas negociações. ■ Apresentar a negociação no mundo empresarial. ■ Apresentar o contexto das negociações internacionais.

1.1 O TEMA NEGOCIAÇÃO

O tema negociação tem sido amplamente debatido nos últimos anos. Passando por um desenvolvimento intenso, muitas são as discussões a respeito desse campo do conhecimento. A quantidade de publicações sobre o tema aumentou significativamente ao longo dos mais de 20 anos desde a primeira edição deste livro. A explicação é simples: ampliou-se a necessidade de negociar melhor, isto é, ser mais efetivo quanto aos resultados nas negociações. A crescente presença da tecnologia na vida das pessoas ampliou as conexões diárias, aproximando as pessoas com uma frequência maior e viabilizando mais negociações que no passado, tanto na vida pessoal quanto na organizacional.

Dessa forma, conseguir ter ambos os lados satisfeitos e com suas necessidades básicas supridas passou a ser fundamental em uma negociação. São negociações conhecidas pelo seu resultado que atribui ganho aos dois lados da negociação, a conhecida negociação "ganha-ganha". Em termos práticos, trata-se de uma visão contemporânea do assunto, visto que no passado era mais comum o pensamento focado em se consentirem, exclusivamente, as próprias necessidades, sem se preocupar com o outro lado envolvido na negociação.

VOCÊ SABIA?

Apesar de a negociação ganha-ganha ter mais espaço e aplicabilidade nos dias atuais, o termo foi inicialmente apresentado por Cohen (2005) em 1963, em um curso de negociação de três semanas patrocinado pela Allstate Insurance Company. Cohen usou as expressões *"win-lose"* (ganhar-perder) e *"win-win"* (ganhar-ganhar).

Acuff (1998) esclarece que, a partir de 1980, a maioria dos livros exalta as virtudes das negociações que resultam em ganhos para todas as partes.

A mentalidade, em geral, era de se levar vantagem e de não se preocupar em atender ao outro lado. Com o tempo, foi-se percebendo que uma negociação desse tipo, acatando só um dos lados envolvidos e caracterizada como negociação "ganha-perde", teria poucas condições de se manter a médio prazo, bem como, provavelmente, não levaria a novas negociações, no sentido de que a parte prejudicada evitaria qualquer tipo de contato com a outra parte envolvida, evitando ser novamente lesada. A negociação tem esse nome pois parte do princípio de que, para um lado ganhar, o outro terá necessariamente que perder. Além disso, seria uma negociação que não contribuiria para criar e nem para manter um convívio futuro entre as partes; ao contrário, poderia afetar negativamente ou até destruir um relacionamento já existente.

Constata-se, portanto, que o acordo formado a partir da negociação deve buscar um relacionamento que possa ser duradouro, que leve a novas parcerias no futuro e que mantenha, ou melhore, o contato entre as partes envolvidas. Quando se pensa em ambos ganharem, tende-se a pensar em dividir os ganhos entre as partes envolvidas, ou ampliar os ganhos, de forma que todos saiam satisfeitos. Na verdade, melhor do que isso é que se identifiquem as necessidades de cada uma das partes e que se possa atendê-las, pois nem sempre essas necessidades são conflitantes, podendo, inclusive, ser complementares.

ATENÇÃO

- *Negociação ganha-ganha*: trata-se de uma negociação baseada na colaboração, na busca de acordos satisfatórios para as partes, viabilizando uma solução que mantenha a parceria a longo prazo, na qual identificam-se as necessidades da outra parte, buscando maximizar os interesses que nem sempre são conflitantes.
- *Negociação ganha-perde*: trata-se de uma negociação baseada na competição, não conduz a solução permanente da questão, é uma solução de curto prazo, não ajuda, podendo atrapalhar os relacionamentos, e busca o ganho exclusivo de um dos lados.

Fontes: FISHER, URY, PATTON, 2018; URY, 2015; BAZERMAN e NEALE, 2016; LEWICKI *et al*., 2014; PESSOA, 2009; MARTINELLI *et al*., 2012; MARTINELLI, 2002; COHEN, 2005; ACUFF, 1998; MARTINELLI e ALMEIDA, 1997; LEWICKI *et al*., 1996, SPARKS, 1992; COHEN, 1980.

1.2 PRINCIPAIS DEFINIÇÕES

Várias são as definições que podem ser citadas, abrangendo diferentes aspectos e enfoques e mostrando visões diversas sobre o tema Negociação.

"Negociação é o uso da informação e do poder, com o fim de influenciar o comportamento dentro de uma 'rede de tensão'" (COHEN, 1980, p. 14). Nessa definição, publicada na década de 1980, nota-se que o autor deu destaque para a informação e o

CAPÍTULO 1 | NEGOCIAÇÃO: CONCEITOS BÁSICOS

poder como elementos de influência ao comportamento humano. Ao se analisar essa definição, destaca-se a importância da comunicação, seja verbalizada ou não, potencializando um dos lados, a partir das informações ou do poder que se tem. Tal definição é importante porque alerta o negociador no sentido de que não se deve subestimar a importância da comunicação no processo, por considerá-la óbvia e automática, tendo em vista que muitas vezes ela é a "chave" para o acordo.

> ### VOCÊ SABIA?
>
> A comunicação não verbal inclui gestos, expressões faciais e posturas que revelam diversos sentimentos dos interlocutores. Assim, ela pode ser fonte de informação e poder, influenciando o comportamento da outra parte. (MARTINELLI; ALMEIDA, 1997).

"Negociação é um processo de comunicação de mão dupla que visa chegar a uma decisão conjunta" (FISHER; URY; PATTON, 2018, p. 56). Ao examinar essa definição, nota-se também outro fator fundamental no processo de comunicação (em especial, dentro de uma negociação): o fato de que ela deve ser bilateral, satisfazendo a ambos os lados envolvidos. À medida que um estará sempre transmitindo um tipo de mensagem (no caso, o emissor), o outro lado a estará recebendo (trata-se do receptor); provavelmente, em um momento seguinte, esses papéis invertem-se, passando o receptor a emissor. A comunicação bilateral já mostra uma preocupação maior (mesmo que indiretamente) com a satisfação das necessidades de ambas as partes, ou seja, já se nota uma tendência maior de se encaminhar para uma negociação ganha-ganha. Além disso, quando os autores citam o objetivo de se chegar a uma decisão conjunta, percebe-se claramente a preocupação de se atender às duas partes envolvidas no processo. Portanto, parece tratar-se de uma abordagem muito mais voltada para uma negociação do tipo ganha-ganha em relação à anteriormente citada.

"Negociação é o processo de comunicação de mão dupla cujo o objetivo é chegar a um acordo mútuo sobre necessidades e opiniões divergentes" (ACUFF, 1998, p. 28). Nota-se nessa definição, novamente, a grande preocupação com a comunicação no processo de negociação, embora esse autor afirme que a negociação tem muito mais a ver com persuasão do que com a utilização do poder simplesmente, ao contrário do que dizem alguns autores que dão maior importância, talvez até exagerada, aos vários tipos de poder em um processo de negociação. Outros aspectos importantes que estão por trás dessa definição são os ligados a questões comportamentais. Segundo Acuff (1998), negociação tem muito a ver com o outro lado sentindo-se bem com o resultado da negociação, ou seja, existe uma preocupação muito grande em satisfazer às necessidades do outro lado. Da mesma forma, Ury (2015, p. 10 e 11) afirma que "negociar é desenvolver qualquer comunicação interpessoal em mão dupla, na tentativa de chegar a um acordo entre as partes".

"Negociação significa flexibilidade, 'movimento'; compreende reconsiderar posições ou pontos de vista, significa fazer concessões" (PESSOA, 2009, p. 27). Alguns pontos importantes estão contidos nessa definição de negociação, em especial quanto ao aspecto da flexibilidade, pois as partes movem-se de suas posições divergentes em busca do acordo.

Nierenberg (1981, p. 3) é autor de uma das mais antigas definições de negociação, ao afirmar, na primeira edição de seu livro (1968), que "negociação é um negócio que pode afetar profundamente qualquer tipo de relacionamento humano e produzir benefícios duradouros para todos os participantes". Segundo o autor, seu livro introduziu uma nova disciplina e uma nova era; ele afirma que foi nessa época que a palavra *negociação* passou a ter respeito, já que no passado ela era sinônimo de relações adversas.

Nierenberg também afirma que a negociação depende da comunicação, visto que ela ocorre entre indivíduos que agem tanto por si mesmos quanto como representantes de grupos organizados. Nesse sentido, esse autor afirma que a negociação pode ser considerada um elemento do comportamento humano.

Bazerman e Neale (2016, p. 17) associam à negociação o termo "racionalmente". Dessa forma, para esses autores, "Negociar racionalmente significa tomar as melhores decisões para maximizar seus interesses" (...) "significa saber como chegar ao melhor acordo e não ficar satisfeito com um acordo qualquer". Os autores orientam que não se deve ficar satisfeito com qualquer acordo, mas se deve sempre buscar o melhor acordo maximizando seus interesses. Verifica-se, portanto, que não é pelo fato de ter entrado em uma negociação que a pessoa é obrigada a fechar um acordo. Se há percepção de que os interesses não serão atendidos, a melhor alternativa é interromper a negociação e buscar outra parceria.

Lewicki *et al.* (1996, p. 4) apresentam a importância de se pensar nas negociações de um ponto de vista estratégico. Segundo os autores, o tratamento estratégico nas negociações exige uma série de passos, pesquisados entre os principais especialistas no assunto, para um processo de análise do planejamento das negociações. Para um negociador estratégico, os passos descritos a seguir são particularmente importantes para identificar as quatro questões estratégicas básicas, a saber:

- objetivos tangíveis;
- objetivos emocionais e simbólicos;
- resultados desejados;
- impactos esperados nos relacionamentos.

Segundo Lewicki *et al.* (1996), os negociadores estratégicos são superiores aos negociadores convencionais, pois eles seguem regras específicas, sendo que a primeira delas é utilizar algum tempo para pensar nas negociações antes do que os negociadores convencionais o fazem. A análise, porém, é necessária, independentemente de qual estratégia será utilizada na negociação. Aliás, a análise pode ser fundamental para se definir qual estratégia empregar.

1.3 HABILIDADES BÁSICAS EM NEGOCIAÇÃO

Pollan e Levine (1994, p. 6) afirmam que a negociação é, depois de ler e escrever, a mais importante entre as habilidades necessárias para se tornar bem-sucedido pessoalmente, financeiramente e nos negócios. Os negociadores, segundo esses autores, são proativos, não aceitam as coisas como elas são sem antes perguntar por que elas não poderiam ser feitas melhor. Os autores ainda afirmam, ao contrário da maioria, que há poucos negociadores. Isso ocorre pois estão se referindo a negociadores efetivos principalmente, se são considerados alguns pontos básicos para se negociar visto que todos negociam, a todo momento, a vida inteira, mesmo sem ter consciência. Contudo, negociar efetivamente exige outras condições nem sempre preenchidas pelos que negociam informalmente, e os autores explicam a partir de três razões o fato de existirem poucos negociadores efetivos:

1. Muitas pessoas simplesmente não sabem como negociar, já que ninguém ensina a negociar, quer seja na escola quer seja em casa.
2. As pessoas não acreditam que seja possível aprender como negociar, visto que, como isso não é ensinado, pensam que seja algo que não possa ser aprendido.
3. A terceira razão, e provavelmente a mais forte, é o medo.

Segundo a visão desses autores, mais uma vez se nota a grande importância de se estudar negociação para ensinar alguns conceitos, mostrar a possibilidade de se aprender e desenvolver as habilidades de negociador por meio da prática, bem como quebrar as resistências, vencendo o medo de se introduzir na arte da negociação. Trata-se de um fator muito importante e que se constitui em um diferencial na busca de um melhor acordo.

ATENÇÃO

São habilidades essenciais dos negociadores:
- Concentrar-se nas ideias.
- Discutir proposições.
- Proporcionar alternativas à outra parte.
- Ter objetividade no equacionamento de problemas.
- Apresentar propostas concretas.
- Saber falar e ouvir.
- Colocar-se no lugar da outra parte.
- Ter consciência de que se negocia o tempo todo.
- Saber interpretar o comportamento humano e as reações das pessoas.
- Separar os relacionamentos pessoais dos interesses.
- Evitar estruturar um relacionamento em função de um acordo.

Fonte: MARTINELLI; ALMEIDA, 1997.

Algumas pessoas acreditam que as habilidades para negociação são inatas, não podendo ser aprendidas e desenvolvidas. Para Pollan e Levine (1994, p. 7) isso é absurdo, pois não existe nenhum gene especial para a negociação. Pessoa (2009, p. 12) aponta que povos como os persas, os libaneses e os judeus são citados como grandes negociadores, com habilidades inatas, como se a negociação estivesse no "sangue"; contudo, o mesmo autor esclarece que "a negociação é uma técnica e, como qualquer técnica, pode ser aprendida e aperfeiçoada".

Quando se deparam com a evidência de que outros são capazes de fazer algo que elas não podem (como negociar), algumas pessoas tentam menosprezar essa habilidade que lhes falta, dizendo que negociar é uma forma duvidosa de fazer negócios. Em outras palavras, acabam afirmando que, como elas não sabem negociar, deve existir algo de errado com quem sabe fazê-lo.

1.4 VARIÁVEIS BÁSICAS

As pessoas negociam sempre, muitas vezes até inconscientemente, mesmo não percebendo o que fazem. Entretanto, são poucas as pessoas que atingem o acordo. Quando negociam, as pessoas mantêm algum tipo de relacionamento, comunicam-se por meio de canais, tornando-a um caso de processo de comunicação interpessoal.

A escolha dos canais de comunicação depende dos participantes, de suas características individuais e das habilidades pessoais, além dos objetivos definidos para a negociação. Cada pessoa participante do processo de negociação tem uma visão diferente das situações, enxerga de seu ponto de vista, de acordo com sua conveniência, que inclusive se altera de um momento para outro, além de dar diferentes ênfases a aspectos diversos.

Qualquer que seja o objetivo da negociação, sua importância e oportunidade, haverá três variáveis básicas que condicionam esse processo: *tempo, poder* e *informação*. Para se ter uma negociação efetiva, é importante ter pelo menos duas das três variáveis presentes e, se possível, interligadas, além de saber utilizá-las corretamente. Em muitas ocasiões, tem-se uma ou outra variável, isoladamente, ou duas delas simultaneamente, ou, ainda, as três variáveis relacionadas.

VOCÊ SABIA?

Cohen (1980, p. 50) enunciou tempo, poder e informação, chamando-as de *variáveis cruciais* da negociação. Martinelli e Almeida (1997) as batizaram como três *variáveis básicas* do processo de negociação. Desde então, o termo passou a ser amplamente usado no Brasil e sua análise passou a fazer a diferença em diversas negociações.

Essas variáveis surgem do contato com as pessoas, do aprendizado de situações vivenciadas, do aproveitamento de oportunidades, enfim, surgem no dia a dia de qualquer indivíduo, cabendo a este saber detectar tais variáveis nas entrelinhas do contato diário com pessoas, situações e oportunidades, explorando-as devidamente.

1.4.1 TEMPO

Consultando o dicionário (FERREIRA, 2013, p. 733), encontra-se que o tempo significa: (1) "a sucessão dos anos, dos dias, das horas etc., que envolve a noção de presente, passado e futuro"; (2) "momento ou ocasião apropriada para que uma coisa se realize". Na negociação, o tempo deve ser cuidadosamente analisado, verificando-se como ele afeta o processo. O tempo deve ser ponto de apoio para se projetar o negócio e consequente satisfação dos envolvidos, além de permitir a conclusão de que é ilimitado, podendo, entretanto, ser controlado.

Na verdade, o limite do tempo é definido por quem negocia, tornando-se mais flexível do que se imagina. Como produto de uma negociação, os prazos também podem ser negociáveis.

Geralmente, constata-se que as concessões feitas em uma negociação acontecem o mais próximo possível dos prazos finais, ou após expirados. E quanto mais próximo do fim, maiores são a pressão do tempo e a tensão de fazer concessões para a realização de um acordo, que tenderá a não ser tão satisfatório.

É importante ressaltar que todas as partes envolvidas em uma negociação normalmente têm um prazo limite. Muitas vezes, porém, a outra parte tenta parecer indiferente em relação ao prazo, o que sempre traz resultados, visto que aumenta a pressão sobre o oponente. Entretanto, uma parte exercerá um poder maior sobre a outra se souber estimar o prazo limite do oponente. O fato de não se esquecer que os prazos são fixados de acordo com os interesses do negociador evita tumultos, concessões desnecessárias e um péssimo acordo.

Nesse momento, percebe-se, claramente, uma das importantes ligações entre as variáveis tempo e poder. O tempo é essencial para o sucesso, podendo até influenciar em um relacionamento. Se uma pessoa chega atrasada a uma entrevista para um novo emprego, isso pode ser visto como prova de autoconfiança ou hostilidade. Ao contrário, se chegar adiantada, demonstra sinal de ansiedade ou falta de consideração pelos outros. O tempo pode favorecer tanto um como o outro lado, dependendo das circunstâncias.

Vale ressaltar ainda que, quando se aproxima o prazo limite, pode ocorrer uma troca de poder entre as partes, bem como uma solução criativa para o acordo, ou, então, o outro lado muda 180° o rumo da negociação. Conclui-se, assim, que as pessoas podem não mudar, mas, com o passar do tempo, as circunstâncias mudam.

1.4.2 PODER

A palavra *poder* por si só transmite ideia de superioridade, capacidade de fazer, exercer controle, dispor de força, autoridade, ocasião ou oportunidade, ter direito, poder físico (matar, vencer...). A princípio, essa palavra apresenta uma conotação negativa.

No entanto, essa generalização apressada não é justa com a realidade. O poder, por exemplo, permite mudar a realidade e alcançar objetivos. É uma forma de ir de um lugar a outro.

Dentro de limites razoáveis, é possível conseguir o que se deseja, se estiver ciente das opções, testar suposições, correr riscos calculados e basear-se em informações sólidas, acreditando que se tem poder; dessa forma, transmite-se autoconfiança aos demais. A negociação utiliza essa forma positiva de poder, exercendo autoconfiança, defendendo interesses e realizando acordos satisfatórios para todas as partes.

Ao contrário do que se pensa, tem-se mais poder do que se imagina. Ainda que não se usem abertamente os poderes em uma negociação, é útil conhecê-los. É importante, contudo, usar o poder para mostrar às outras partes que o único caminho para elas vencerem é vencer junto.

Para facilitar a compreensão, os poderes são subdivididos de acordo com a origem dos mesmos (MARTINELLI; ALMEIDA, 1997, p. 66-78) em poderes pessoais e poderes circunstanciais.

Poderes pessoais: são poderes inatos, presentes em qualquer situação, independentemente do papel desempenhado, dos conhecimentos e das habilidades para lidar com pessoas que auxiliarão no processo de negociação, dando maior ou menor poder à pessoa que o possui e, mais ainda, o utiliza. Esses poderes podem tratar de questões morais presentes em cada negociador, conforme a influência de sua cultura (poder da moralidade); de ações, decisões ou atitudes que determinarão certo comportamento (poder de atitude); perseverança de se alcançar um objetivo estabelecido (poder da persistência); habilidade de mostrar a importância de determinado aspecto da negociação e canalizar isso para um acordo que satisfaça aos interessados (poder da capacidade persuasiva).

Poderes circunstanciais: os poderes abrangidos por essa classificação enfocam a questão da situação, o momento, o tipo de negociação, a influência do meio na mesma. De acordo com as circunstâncias, analisa-se um fato de maneiras diferentes, enxergando-se o mesmo por ângulos diversos.

Então, podem-se apresentar algumas situações que configuram um tipo de poder: conhecer o que se negocia e com quem, havendo certo entendimento específico sobre certa questão negociada (poder do especialista); ocupar certa posição, cargo ou função (poder de posição); ter ocorrido fato anterior que tenha aberto um precedente (poder de precedente); conhecer as necessidades da outra parte, muitas vezes ocultadas no processo de negociação (poder de conhecer as necessidades); exercer influência para vencer obstáculos e conquistar objetivos (poder de barganha).

1.4.3 INFORMAÇÃO

Informação é o ato ou efeito de se informar acerca de alguém ou de algo.

Na vida prática, é comum as pessoas não se preocuparem com a necessidade de informações em uma negociação, mas essa atitude é um diferencial para um acordo bem-sucedido ou para se obter sucesso. É fundamental em uma negociação que as partes se antecipem, buscando informações, ampliando seu poder. A informação está intimamente relacionada com o poder de conhecer as necessidades, ou seja, ela pode encaminhar o sucesso, afetar a avaliação da realidade e as decisões que serão tomadas. Assim, a busca por essas necessidades dos envolvidos deve ser iniciada antes mesmo de sentar-se à mesa para efetivar o acordo.

Dessa forma, devem-se colher as informações antes de iniciar a negociação. O "ponto-chave" no processo de negociação é saber ouvir, ou melhor, saber ouvir com atenção, que significa escutar o que está sendo dito, entender o que está sendo omitido, além de observar a expressão dos outros negociadores, como se comunicam, suas expressões faciais, seus olhares, gestos, entonação ou ênfase, ou seja, as deixas que utilizam.

Um bom negociador deve saber captar os fatores não verbais em qualquer comunicação. Assim, durante uma negociação, pode ser interessante tentar distanciar-se um pouco. Isso permitirá escutar as palavras nos seus contextos não verbais, entendendo melhor o quadro geral.

Assim, aos poucos, as verdadeiras necessidades vão se revelando nos momentos oportunos, e essas informações servirão também para confirmar as promessas feitas na negociação, se serão ou não cumpridas, e se o relacionamento será preservado ou não.

Outro aspecto da informação é o de possuir a habilidade, o conhecimento de determinado fato, assunto ou negociação, podendo até gerar um poder de especialização.

1.5 PLANEJAMENTO DA NEGOCIAÇÃO

O planejamento da negociação é essencial para um acordo efetivo e bem-sucedido. Assim, será proposto nesse momento abordar passos importantes da negociação, etapas de uma negociação, estratégias e negociação efetiva como elementos fundamentais no processo de planejamento de uma negociação.

O primeiro ponto básico a ser definido ao se deparar com uma questão de negociação é identificar claramente qual é o problema a ser resolvido, ou seja, identificar o objetivo da negociação, ou aquilo que se pretende efetivamente solucionar.

1.5.1 PASSOS IMPORTANTES

Uma boa negociação deve conter os seguintes passos durante seu planejamento e execução. Esses passos foram baseados nos quatro pontos apresentados por Fisher, Ury e Patton (2018) do método direto de negociação conhecido como *negociação baseada em princípios*, desenvolvido no Projeto de Negociação de Harvard (Harvard Negotiation Project).

ATENÇÃO

O método consiste em:
1. Separar as pessoas do problema.
2. Concentrar-se nos interesses, não nas posições.
3. Criar opções com possibilidades de ganhos mútuos.
4. Insistir em usar critérios objetivos.

Fonte: FISHER, URY; PATTON, 2018.

1º passo: separar as pessoas do problema

É importante separar as pessoas do problema, concentrando-se efetivamente no objetivo da negociação. Frequentemente, confundem-se as pessoas com o problema, envolvendo questões pessoais que não deveriam ser objeto da negociação. Quando se misturam as pessoas com o problema, além das questões pessoais, introduzem-se emoções e tem-se dificuldade para avaliar os reais méritos da questão. Os autores esclarecem que não se deve ignorar as questões pessoais, afinal, nas palavras deles, "negociadores são, antes de tudo, pessoas" (FISHER; URY; PATTON, 2018, p. 13), e continuam dizendo que se deve "ser gentil com as pessoas e firme com o problema".

2º passo: concentrar-se nos interesses

O segundo ponto fundamental é concentrar-se nos interesses básicos, examinando os interesses de ambas as partes (verificando-se aqueles que são comuns e aqueles que são conflitantes), e não nas posições de cada um dos envolvidos. Usando esse passo em um contexto de planejamento da negociação, as partes devem, nesse momento, buscar informação sobre o outro lado para analisarem quais interesses são comuns e quais são conflitantes.

É muito comum nas negociações que as pessoas tendam a assumir posições iniciais rígidas ao se introduzirem em uma negociação. Esse fato dificulta totalmente a negociação, na medida em que não proporciona flexibilidade aos negociadores e a toda a negociação, além de, em muitos casos, poder inclusive encobrir efetivamente o que se pretende atingir, ou seja, os interesses básicos que estão por trás da negociação. Assim, é importante refletir, nesse momento, sobre a flexibilidade que você proporcionará ao oponente.

Em outras palavras, como afirmam Fisher, Ury e Patton (2018, p. 33), "chegar a um meio-termo entre duas posições antagônicas dificilmente resultará num acordo que de fato cuide das necessidades humanas que levaram as pessoas a adotar essas posições".

3º passo: buscar alternativas de ganhos mútuos

Esse ponto é relevante em um processo de planejamento, pois, frequentemente, pensa-se existir uma única alternativa para a solução do problema e segue-se nesse sentido, embora conscientes de que a solução não agrada plenamente. Isso se deve a vários fatores: certa acomodação; ausência de criatividade para buscar alternativas; falta de hábito de se trabalhar sempre buscando diferentes soluções; muitas vezes, certo receio de experimentar, ou mesmo procurar, diferentes alternativas. Nesse sentido, torna-se de fundamental importância para o planejamento, visando solucionar o problema, encontrar o maior número possível de alternativas para a questão

4º passo: insistir em encontrar critérios objetivos

O quarto ponto básico é insistir em encontrar critérios objetivos para a solução do problema. A busca do melhor acordo possível deve passar pela mais vasta gama de soluções possíveis, sempre com a preocupação de procurar interesses comuns que conciliem, de maneira criativa, os interesses divergentes das partes. Portanto, deve-se buscar opções que proporcionem benefícios a ambos os lados.

CAPÍTULO 1 | NEGOCIAÇÃO: CONCEITOS BÁSICOS

Surge, porém, uma questão importante: como escolher a melhor opção dentro do amplo leque que frequentemente se consegue montar? Nesse sentido, é importante que o acordo possa refletir algum padrão justo, independentemente da vontade pura e simples de qualquer das partes. É importante que se estabeleça um padrão razoável que seja um consenso entre as partes envolvidas. Assim, pode-se tomar um valor de mercado como referência, uma opinião especializada e acima de qualquer suspeita, um costume que já tenha se tornado tradicional no ambiente ou uma lei que refletirá um padrão formal e oficial da sociedade. Esses critérios devem ser claramente definidos (para não dar margem a dúvidas quando da avaliação), sendo, na medida do possível, inclusive quantificados.

Assim, ao discutir as soluções, nenhum dos lados precisa ceder ao outro. Ambos devem, isto sim, acatar uma solução justa, baseada em critérios previamente discutidos e aceitos. Dessa forma, pensar antes, em uma fase de planejamento, sobre quais serão os possíveis critérios é um diferencial para uma negociação.

> **VOCÊ SABIA?**
>
> O livro *Como chegar ao sim* tem mais de 30 anos desde a sua primeira edição, com os autores Willian Ury e Roger Fisher. Bruce Patton passa a fazer parte da obra a partir da segunda edição. O método descrito pelos autores pode ser aplicado tanto em uma fase de planejamento da negociação como durante sua execução.

1.5.2 ETAPAS DE UMA NEGOCIAÇÃO

Como esclarecido anteriormente, Fisher, Ury e Patton (2018, p. 31) chamam esse método de "negociação baseada em princípios" e, segundo eles, as quatro proposições, destacadas na seção anterior, são passos importantes desde o momento em que se começa a pensar na negociação até o momento em que se chega a um acordo. Esse período pode ser dividido em três etapas:

- análise;
- planejamento; e
- discussão.

Na fase de análise, tenta-se diagnosticar a situação, colhendo-se informações, organizando-as e ponderando-se sobre elas. Deve-se, então, identificar os interesses das partes envolvidas, selecionar as possíveis opções já encontradas e, finalmente, identificar os critérios objetivos para se buscar o acordo.

No estágio de planejamento, procura-se gerar ideias e decidir o que fazer, sempre lidando com os quatro elementos básicos do método. Assim, verifica-se de que modo se pode lidar com os problemas das pessoas; quais são os interesses mais importantes a serem atendidos; quais objetivos são efetivamente realistas para serem buscados; como gerar opções adicionais, bem como de que forma definir critérios objetivos para depois poder decidir entre eles.

Na fase de discussão, na qual as partes comunicam-se entre si para tentar atingir um acordo, novamente os mesmos quatro elementos são os mais adequados. Segundo Fisher, Ury e Patton (2018), as diferenças de percepção, os sentimentos de frustração e raiva e as dificuldades de comunicação podem ser reconhecidos e abordados. Cada um dos lados deve chegar a compreender os interesses do outro. Depois, ambos podem gerar opções que sejam mutuamente vantajosas e procurar concordar quanto a padrões objetivos para conciliar os interesses opostos.

Esse tipo de negociação, baseada em princípios, é, sem dúvida, muito mais efetivo e duradouro do que aquele baseado em posições e chamado normalmente de barganha posicional, no qual cada um dos lados toma uma posição, defende-a e faz concessões para chegar a uma solução de compromisso.

ATENÇÃO

A *barganha de posições* cria estímulos que paralisam a resolução. Ao começar em posições extremadas, fazendo apenas pequenas concessões ao longo do processo, prolonga-se o atingimento de um acordo efetivo. Além disso, discutir posições põe em risco a manutenção do relacionamento, pois se converte a negociação em uma disputa de vontades.

Portanto, vê-se que a barganha posicional tende a criar tensão, prolongar as negociações (nem sempre com boas possibilidades de acordo) e, por vezes, destruir o relacionamento entre as partes. Em outras palavras, os ressentimentos gerados por esse tipo de situação podem prolongar-se por um período extremamente longo.

Embora normalmente se discuta a negociação em função de apenas duas partes envolvidas, na verdade quase todas as negociações envolvem mais de duas partes. Segundo Fisher, Ury e Patton (2018, p. 28), quanto maior o número de pessoas envolvidas em uma negociação, mais graves serão os inconvenientes da barganha posicional.

1.5.3 ESTRATÉGIAS EM NEGOCIAÇÃO

Fisher e Brown (1989, p. 25) enfocam o planejamento da negociação sob o ponto de vista da estratégia a ser seguida. Segundo eles, o ponto mais importante a ser seguido refere-se à construção do relacionamento para facilitar a conciliação das diferenças que fatalmente existem em um processo de negociação.

Muitas vezes, as pessoas se baseiam em vários tipos de relacionamento, sem seguir uma estratégia consciente (ou seja, sem basear-se em regras específicas ou guias de conduta, que, acredita-se, irão melhorar o relacionamento). Há casos em que apenas reage-se ao que os outros fazem, ou as emoções podem dominar a lógica e desviar os negociadores da estratégia definida que têm em mente.

Um bom relacionamento deve ser recíproco. Duas pessoas poderão lidar com suas diferenças de maneira mais habilidosa se ambas forem racionais, compreenderem perfeitamente as diferenças de percepção de cada uma, comunicarem-se de maneira efetiva, forem confiantes e seguras, se uma nunca tentar coagir a outra, e se cada uma sempre aceitar a outra como alguém que lhe interessa e as opiniões da outra pessoa como algo que deve ser levado em conta.

O princípio da reciprocidade é familiar em negociações importantes, nas quais um favor ou concessão de um lado é trocado por um favor similar ou uma concessão da outra parte. Desde que um relacionamento recíproco seja o objetivo, e a partir do momento em que a reciprocidade é a base profunda para acordos importantes, então existe uma tendência natural de se fixar em alguma forma de reciprocidade como o segredo para construir um relacionamento bom e efetivo.

Quando se pensa em classificar as estratégias em um processo de negociação, dois aspectos básicos devem ser considerados (conforme proposto por LEWICKI *et al.* 1996, p. 54): a importância do relacionamento e a relevância do resultado. Dessa avaliação, surgem cinco tipos básicos de estratégias possíveis no processo, conforme apresentado em detalhes por Martinelli e Almeida (1997, p. 117):

- Estratégia de evitar: tende a levar a negociação para um perde-perde. Nesse tipo de estratégia, nenhum aspecto é suficientemente importante para que se busque evitar o conflito posteriormente.
- Estratégia de acomodação: abre-se mão dos resultados em favor da preservação do relacionamento. Esta estratégia tende a levar para uma negociação perde-ganha.
- Estratégia competitiva: trata-se do caso em que o negociador busca ganhar a qualquer custo, levando normalmente para uma negociação ganha-perde.
- Estratégia colaborativa: neste caso, priorizam-se tanto o relacionamento quanto os resultados, encaminhando a negociação para o ganha-ganha.
- Estratégia do compromisso: trata-se de um enfoque combinado, que é utilizado em um grande número de situações, como quando as partes não conseguem atingir boa colaboração, mas ainda pretendem atingir alguns resultados e/ou preservar o relacionamento.

Para escolherem qual dessas estratégias deve ser usada, os negociadores devem levar em conta dois pontos considerados fundamentais:

- Quão importante é o resultado a ser obtido com a negociação.
- Quão importante é o relacionamento passado, presente e futuro com o oponente.

Há, porém, outras possibilidades de classificar as estratégias. Casse (1995, p. 60), por exemplo, classifica os enfoques para conduzir uma negociação em função das estratégias utilizadas (estratégia cooperativa, competitiva e analítica), bem como os papéis desempenhados pelos negociadores (efetivo, analítico, relativo e intuitivo).

Assim, o que os negociadores devem fazer é conhecer bem as estratégias de negociação possíveis, aprendendo a utilizar cada uma delas nas situações em que elas se aplicam melhor, estando sempre preparados para mudar de estratégia caso aquela que se está utilizando não esteja funcionando bem.

Os papéis possíveis desempenhados pelos negociadores são apresentados a seguir (CASSE, 1995, p. 60):

Negociador efetivo

Tem como principais características: conhecer detalhadamente os fatos relacionados à negociação; documentar todas as declarações; fazer questões realistas (verificando fatos); responder questões para esclarecer pontos e proporcionar informações complementares, quando pedidas; ser preciso, de maneira que pontos fundamentais não sejam perdidos ou permaneçam descobertos.

Os negociadores efetivos podem, algumas vezes, ser insensíveis às reações emocionais e aos sentimentos da outra parte. Podem perder-se nos próprios detalhes da negociação. Esses negociadores, algumas vezes, chegam a argumentar contra os próprios membros do seu grupo, nos casos em que fazem declarações pouco precisas, contribuindo, com isso, para enfraquecer potencialmente a posição do próprio grupo.

Negociador analítico

Costuma apresentar seus argumentos de negociação de maneira lógica, procurando ter certeza de que a estratégia está sendo corretamente implementada e adaptada, se necessário. Costuma negociar a agenda da reunião, estabelecendo as regras da negociação. Faz perguntas à outra parte para esclarecer a racionalidade da sua posição, verificando os impactos sobre seu próprio grupo de negociação e preparando eventuais adaptações ao seu enfoque.

Os negociadores analíticos muitas vezes perdem a perspectiva da negociação, envolvendo-se demasiadamente em argumentos e contra-argumentos. Frequentemente, eles são avaliados como sendo frios e sem sentimentos e emoções. Devemos lembrar que a lógica nem sempre é a resposta para as negociações.

Negociador relativo

Seus principais pontos fortes são: ser um facilitador das relações entre os membros dos grupos de negociação; estabelecer e manter boas relações com pelo menos uma parte dos membros do outro grupo; ser sensível às reações dos negociadores (importância dos sentimentos e emoções); construir a confiança; examinar as forças e fraquezas do oponente.

Os negociadores relativos, às vezes, se envolvem tanto com o lado humano da negociação que acabam perdendo a direção dos objetivos e das estratégias da negociação. Eles podem revelar informações vitais, sem terem consciência de o estarem fazendo. Além disso, podem envolver-se emocionalmente em excesso, perdendo a perspectiva.

Negociador intuitivo

Costuma ter habilidade para trazer ideias, novos caminhos para enfocar a negociação, opções potenciais, dentre outros. Costuma enxergar claramente quais os pontos essenciais da negociação, bem como os aspectos fundamentais dos seus detalhes. Examina sempre as implicações futuras de cada proposta. Tende a juntar as várias partes e a examinar a negociação no seu todo. Normalmente supõe, por meio de palpites, qual o caminho que a negociação está tomando, verificando seus desdobramentos.

Os negociadores intuitivos podem não ser realistas, chegando a ser perigosos, pois, às vezes, têm ideias selvagens. Frequentemente, não veem os defeitos de suas ideias e o risco envolvido em suas propostas. São difíceis de ser controlados, visto que a disciplina não é um dos seus pontos fortes.

Conhecer os vários tipos de negociadores possíveis, bem como suas características principais, é um aspecto importante para prever reações e para saber a melhor maneira de se comportar em uma negociação.

1.5.4 NEGOCIAÇÃO EFETIVA

Não há uma fórmula mágica pronta para se aplicar no modo de agir do negociador, embora todos considerem muito importante buscar a "fórmula" para ser um negociador de sucesso. Entretanto, é possível estabelecer fatores que, de certo modo, ditam uma melhor possibilidade de encaminhamento da negociação. Estes são denominados fatores críticos de sucesso.

Segundo Mills (1993, p. 149), para se tornar um mestre em negociação é importante planejar o processo de negociação, focalizando os objetivos a serem alcançados e ignorando eventuais posições que possam emperrar a conciliação dos interesses envolvidos. A partir disso, procura-se conhecer prioridades, interesses e necessidades próprios e da outra parte, o que pode ser conseguido por meio de várias conversas ao longo da negociação. Vale lembrar que, nesse processo, ouvir atentamente ajuda a refletir sobre todas as informações obtidas e analisar as estratégias e os comportamentos que devem ser adotados.

Para tanto, torna-se imprescindível determinar a Melhor Alternativa à Negociação de um Acordo (MAANA), ser flexível e criativo para buscar o melhor acordo e utilizar o tempo a favor do processo, não permitindo que soluções sejam firmadas pela simples necessidade de se concluir uma negociação. Além disso, testar ações com propostas condicionais, curtas, fazendo contrapropostas instantâneas, explorando várias opções e aumentando o número de variáveis que criam mais opções de ganhos mútuos permite melhores chances de acordo no qual todos ganhem.

VOCÊ SABIA?

A sigla em inglês de MAANA é BATNA, que significa *Best Alternative To a Negotiated Agreement.*

O negociador efetivo deve também saber lidar com os poderes, próprios e do oponente, priorizar o trabalho em grupo e a participação dos envolvidos na determinação do acordo, a fim de estabelecer um compromisso, manter relacionamentos de confiança e amizade e possibilitar surgimento de novas oportunidades de negociação no futuro.

Assim, consegue-se perceber que o segredo do sucesso está em ser capaz de lidar efetivamente com as pessoas, ou seja, quanto mais positiva for a relação entre as pessoas, mais bem-sucedido é possível ser, conseguindo ter êxito, inclusive, nas soluções de problemas desagradáveis e aparentemente insolúveis.

A negociação deve produzir somente ganhadores, por isso intitula-se, frequentemente, negociação e negociador ganha-ganha. Há acordo bilateral, satisfatório para todos os participantes. Além do mais, a negociação não aponta previamente todos os riscos envolvidos, pois estes irão surgir apenas no desenrolar das conversações, com experiências adquiridas, ao passo que, no jogo, esses riscos estão delimitados nas regras.

As negociações devem ser concluídas com situações ganha-ganha para poderem ser consideradas bem-sucedidas. Ou seja, ambos os lados envolvidos na negociação deveriam, ao final dela, concluir que o resultado obtido representa um ganho para eles.

Porém, para verificar se o melhor resultado de uma negociação deve ser o ganha-ganha, é necessário avaliar três questões básicas, conforme proposto por Robinson (1996, p. 83):

1. Será que todas as negociações realmente devem terminar com um ganha-ganha?

2. Será que todos os negociadores devem procurar o ganha-ganha como resultado final?

3. Será que é possível presumir que o oponente está buscando o ganha-ganha?

Ao avaliar essas questões, Robinson questiona, em primeiro lugar, se vencer realmente é sempre a melhor opção. Deve-se ter em mente que nem sempre a vitória no curto prazo será o melhor resultado, pensando-se em termos de longo prazo.

Quanto à segunda questão de os negociadores estarem buscando o ganha-ganha como resultado, Robinson acredita que se deve apenas ter a preocupação de atingir os próprios objetivos e vencer, não se preocupando em conseguir uma vitória para o outro lado, visto que ele terá essa única preocupação. Ele considera que não se deve estar buscando o ganha-ganha, pois isso não será feito pela outra parte.

Deve, porém, considerar que, se todos pensarem assim, a única preocupação será a de vencer, a estratégia será sempre competitiva e a preocupação será constantemente a de levar vantagem, considerando a negociação uma batalha a ser vencida. Será que o lado humano não deveria falar um pouco mais alto e merecer uma preocupação um pouco maior?

No que se refere à terceira questão, de se presumir que a outra parte está buscando o ganha-ganha, Robinson (1996) pondera que o oponente preocupa-se muito pouco com a posição da outra parte e estará apenas buscando vencer por sua própria conta. Deve ser lembrado, porém, que um acordo que seja bom apenas para um lado poderá ser rompido antes mesmo de ser implementado. Além disso, é necessário levar em conta que sempre existe a chance de ter que negociar novamente com essa mesma pessoa e, nesse caso, a postura e os resultados da negociação anterior podem ter influências decisivas.

Destaca-se aqui que a posição desse autor é discordante da maioria dos autores que escreveram sobre a importância do ganha-ganha em uma negociação. Contudo, com a evolução do assunto, verifica-se que pensar no longo prazo e nos ganhos mútuos das partes mostra-se como a melhor forma de se conseguir um acordo que viabilize negociações futuras.

A questão do relacionamento humano e o aspecto de se tentar prejulgar a postura do outro lado sem dispor de informações suficientes têm uma importância fundamental nessa análise. Evidentemente, observar a postura do outro lado ao longo da negociação e ser cauteloso em suas decisões podem ajudar muito a selecionar a postura e a estratégia mais adequada para ser efetivo na negociação.

Para se obter um acordo ganha-ganha, é preciso identificar as metas desejadas, não só as próprias, mas também as do outro negociador. Esse planejamento ganha-ganha permite que se relacione as metas comuns, não desperdiçando tempo precioso em negociá-las, pois são concordantes.

A partir de então, é possível desenvolver soluções alternativas para conciliar pontos em que há discordância, dentro dos limites impostos pela situação. A criatividade e as diferenças de opinião ajudam a estabelecer o melhor acordo ganha-ganha, que certamente atenderá aos objetivos de todos. A flexibilidade é uma condição para o bom planejamento, necessária pelo fato de que, mesmo levantando todas as informações e dados, nunca se tem todas as variáveis envolvidas.

Os acordos de parceria, com foco em relacionamentos de longo prazo, estão sendo considerados vantagem competitiva em tempos de globalização. Enquanto eles representam uma mudança de pensamento, sendo preciso equilibrar forças de competição e compartilhamento, levando a contratos de longo prazo, *joint ventures,* troca de parte do controle acionário com outras companhias ou uma contabilidade aberta, os acordos de parceria exigem alguns ajustes no processo envolvido na negociação.

Os acordos de parceria devem ser baseados nos verdadeiros interesses de longo prazo dos participantes, devendo ser fechados, com duração suficiente e sendo interessantes para todos e, principalmente, devem confiar na competência do parceiro e levar a conhecer seus objetivos. Esses ajustes são essenciais, na medida em que o ambiente e os interesses são mutantes, e a parceria, para sobreviver em meio às turbulências, deve ser revista constantemente, sempre privilegiando os interesses comuns de maneira positiva, fortalecendo o acordo.

Outra mudança no pensamento envolvendo a negociação entre parceiros está no fato de ver no parceiro um colaborador, não um oponente; o espírito de confronto dá lugar à colaboração, em um espírito de cooperação e suporte mútuo.

Mesmo em uma negociação ganha-ganha, o impasse ocorre e pode ser algo positivo, visto que outros pontos de vista podem surgir, mais ideias podem ser discutidas, mais possibilidades de acordo podem ser elaboradas. Assim, o conflito é inevitável e não necessariamente prejudicial. Atualmente, é quase impossível ter uma organização sem conflito. Alguns tipos podem contribuir para a saúde e o bem-estar da empresa, por exemplo, por meio do estímulo de competição produtiva.

É importante ressaltar que o resultado final de uma negociação ganha-ganha não é apenas elaborar um acordo ganha-ganha. O fundamental é fazer com que o acordo funcione, pois ele não garante por si só o desempenho, afinal ele não pode atuar, somente as pessoas é que podem. Cada negociador deve procurar manter o outro lado empenhado em cumprir sua parte, não dispersando energia. A negociação ganha-ganha é um processo contínuo e assim deve ser encarada ao longo de todo o tempo.

Em uma negociação ganha-perde, o insucesso se mostra presente e os envolvidos não se sentem motivados a cumprir tal acordo; não há satisfação de todos os interesses, mas de uma ou outra posição. De algum modo, gera também péssimo relacionamento, eliminando qualquer possibilidade de novas conversas. Esses negociadores ultrapassam as barreiras éticas para conseguir vantagens exclusivas, independentemente das metas dos demais. Funciona a verdadeira "Lei de Gerson", procurando levar vantagem em tudo.

O importante é saber transformar uma negociação ganha-perde em ganha-ganha. Alguns passos podem ajudar na redução do conflito e facilitação de acordo ganha-ganha:

1. As partes envolvidas devem gerenciar o conflito.
2. Melhorar a precisão da comunicação, isto é, a questão negociada deve ser entendida exatamente como ela é pela outra parte.
3. Controlar as questões envolvidas, principalmente as que gerarem grandes disputas.

ATENÇÃO

São habilidades do negociador efetivo:
- Ser um bom negociador, isto é, aproveitar, positivamente, as oportunidades o tempo todo.
- Ser extrovertido, capaz de relatar facilmente, para todos, os objetivos e as propostas da negociação.
- Ser um bom líder no time de negociação, de forma a contribuir para a finalização de uma negociação ganha-ganha.
- Não temer um comportamento autoritário do oponente.
- Ter habilidade para encontrar seu nível máximo de negociação, para aceitar desafios e detectar possíveis riscos.
- Conhecer suas limitações e saber superá-las.
- Ser flexível, adaptando-se às situações encontradas.
- Principalmente, ser paciente e estar constantemente se autoavaliando.

1.6 NEGOCIAÇÃO E ÉTICA

Daft (1991) define ética como "um código de princípios e valores morais que governam o comportamento de uma pessoa ou grupo, com respeito ao que é certo ou errado".

Assim, vê-se que a ética estabelece padrões sobre o que é bom ou mau na conduta e na tomada de decisões, quer seja no plano pessoal, quer seja sob o ponto de vista organizacional.

A ética é uma questão importante nas negociações. Como a negociação normalmente é parte de um processo competitivo, no qual as partes estão competindo por recursos escassos e para conseguirem o melhor acordo possível, elas frequentemente estão dispostas a se mover de um comportamento honesto para um tipo de comportamento que se pode considerar desonesto, dependendo, evidentemente, do ponto de vista de quem o avalia.

Lewicki, Saunders e Barry (2014, p. 184) definem "como um conjunto de padrões sociais amplamente adotados para descrever o que é certo ou errado em uma situação específica, ou o processo implementado para definir esses padrões". Há muita discussão quanto a até que ponto se está agindo de maneira ética ou não em uma negociação. Por exemplo, quando alguém pergunta até que limite se pode chegar em uma negociação e não se diz a ele o verdadeiro limite para ter maior espaço de barganha, até que ponto esse comportamento pode ser considerado ético e quando ele passa a ser antiético? Evidentemente, isso depende muito dos valores das pessoas envolvidas na negociação e do ambiente no qual elas estão inseridas.

As questões ética e legal têm certas sobreposições e, às vezes, também certos conflitos. Lewicki *et al.* (1996, p. 217) propõem uma matriz de análise dos comportamentos éticos e legais, na qual se tem quatro possibilidades básicas:

- Comportamentos que não são nem éticos nem legais.
- Comportamentos que são éticos, porém não legais.
- Comportamentos considerados legais que, porém, não são éticos.
- Comportamentos legais e éticos segundo os padrões daquele grupo.

Em termos éticos, não há, normalmente, nenhum padrão formal nem nenhuma declaração escrita que sirva como modelo para os negociadores, ao contrário daquilo que acontece em relação ao aspecto legal.

A ética de um negociador irá depender de algumas questões pessoais, tais como a formação filosófica e religiosa do negociador, sua experiência, valores pessoais, dentre outros aspectos importantes.

Um dos principais motivos pelos quais as pessoas se envolvem em comportamentos não éticos (ou pelo menos questionáveis sob esse ponto de vista) é a busca de vantagem, em termos de poder. Essa é uma atitude típica de um comportamento ganha-perde. Dado que informação gera poder, a parte que é capaz de manipular melhor as informações é capaz de ganhar uma vantagem, ao menos temporária, sobre a outra parte. Por outro lado, é muito comum os negociadores guardarem certas informações, escondendo-as da outra parte, no sentido de possuírem uma posição mais forte para poderem barganhar.

Assim, a informação pode ser considerada o principal fator no comportamento ético na negociação. Nesse sentido, é muito importante verificar quanta informação se dispõe, quão precisa ela é, quanto dessa informação deve ser compartilhada com a outra parte, bem como qual parte deve ser revelada, quando e como. Essas questões são vitais, pois têm grande influência sobre o processo em si e sobre os resultados da negociação de um modo geral.

O comportamento ético tem dois componentes que afetam a maneira de agir das pessoas: o **domínio da legislação**, contendo os princípios éticos estabelecidos por lei, e o **domínio da *livre* escolha**, ou seja, a condição social de todo ser livre, de fazer suas escolhas e de agir da maneira que melhor lhe convier, em cada situação de sua vida pessoal e profissional. Entre ambos, encontra-se o campo da ética, que leva a que, a partir dos dois extremos, cada indivíduo defina seus padrões éticos, considerando suas questões individuais, porém levando também em conta as interferências que a sociedade e a legislação lhe imprimem em suas escolhas pessoais.

VOCÊ SABIA?

Há vários fatores que levam à emergência de preocupações éticas na sociedade. De acordo com Gutiérrez (1994), podem-se citar quatro fatores básicos que levam a essas preocupações:

- Necessidade espontânea e natural de maior humanização.
- Reação frente à crise moral que se verifica em nossa sociedade, além de reação intensa frente aos perigos de uma degradação moral.
- O fato de que a internacionalização e a globalização significam também integração dos diversos sistemas culturais.
- Grande mudança em termos culturais nas organizações, além de intensa alteração nos valores pessoais.

Porém, o que explicaria o surgimento das preocupações éticas na gestão das empresas? Segundo Gutiérrez, seriam basicamente seis os aspectos que justificam essas preocupações por parte das organizações no que se refere a sua gestão:

- Maiores exigências de responsabilidade social e econômica em relação aos empresários e gerentes das organizações.
- Grande desconhecimento, por parte do quadro gerencial nas organizações, sobre as características básicas dos seres humanos.
- Maior consciência de que os aumentos de produtividade estão condicionados à elevação da qualidade de vida organizacional.
- A questão ética torna-se rentável à medida que coloca as preocupações vitais na cultura organizacional.
- O desenvolvimento de vantagens competitivas se relaciona com o desenvolvimento de habilidades internas nas organizações.
- Incoerências entre os valores do ambiente e aqueles que são comunicados pela cultura organizacional.

Os administradores têm uma série de dificuldades e dilemas para lidar com as questões referentes ao aspecto ético. Alguns enfoques ligados à tomada de decisões

CAPÍTULO 1 | NEGOCIAÇÃO: CONCEITOS BÁSICOS

éticas proporcionam critérios para o entendimento e a resolução dessas questões. Entre esses critérios que orientam a tomada de decisões éticas, podem-se citar:

- Enfoque utilitário – é o conceito ético de que comportamentos morais produzem o maior bem para o maior número possível de pessoas.
- Enfoque individualista – trata-se do conceito de que as ações são morais caso elas promovam o interesse individual, em termos de longo prazo.
- Enfoque moral – parte do princípio de que os seres humanos têm direitos e liberdades que não podem ser sobrepujados por decisões individuais. Dessa forma, as decisões morais seriam as que mantêm os direitos das pessoas afetadas por essas decisões.
- Enfoque de justiça – considera que as decisões morais devem ser baseadas em padrões de equidade, probidade e imparcialidade.

Entre os fatores que afetam as decisões éticas, podem-se citar os gerentes e a organização.

Os gerentes trazem à função que desempenham traços de comportamento e de personalidade específicos. As organizações, paralelamente a suas atividades econômicas, têm uma responsabilidade social perante sua comunidade. Essa responsabilidade se refere à obrigação da administração da empresa de tomar decisões e ações que irão realçar o bem-estar e os interesses tanto da sociedade quanto da organização.

Muitas empresas formam comitês de ética, que são grupos de executivos que têm como função fiscalizar a ética empresarial por meio de regras estabelecidas em alguns aspectos considerados questionáveis, além de questões envolvendo a violação da disciplina.

Para se pensar na questão ética, seria importante analisar por que surgem os comportamentos antiéticos. Tem-se muitas dimensões do comportamento humano e o sistema das empresas muitas vezes motiva condutas antiéticas. Missner (1980 *apud* LEWICKI; LITTERER, 1985, p. 316) sugere quatro delas: lucro, competição, justiça e propaganda.

Embora as estratégias e táticas de negociação tenham muito pouco a ver com estratégias de propaganda em termos convencionais, questões e aspectos referentes a lucro, justiça e competição são comuns na avaliação do comportamento dos negociadores.

Os principais conceitos envolvidos em cada uma dessas dimensões do comportamento humano são lucro, competição e justiça.

A ÉTICA E O LUCRO

O lucro é necessário para a empresa em uma sociedade capitalista. É visto, porém, sob enfoques diferentes pelos executivos da direção da empresa, pelos acionistas, pelos operários e pela sociedade em geral.

Assim, o lucro é claramente um ponto de negociação. Segundo Lewicki e Litterer (1985, p. 317), "pela sua própria natureza, a negociação é um processo por meio do qual os indivíduos tentam maximizar seus resultados". Ao tentarem maximizar seus resultados, é natural que os indivíduos tentem se utilizar de táticas e estratégias reconhecidas para essa finalidade.

A busca do lucro é um princípio fundamental, tanto para o sistema econômico como para o comportamento econômico individual. Esse comportamento ocorre em um contexto social, no qual a quantidade total de recursos disponíveis não é suficiente para satisfazer os desejos de todos; com isso, ocorre a competição. Mesmo quando a quantidade de recursos é suficiente para satisfazer o desejo de todos, existe a competição, pois todos buscam aperfeiçoar seu produto, para terem consumidores mais satisfeitos e garanti-los em termos de futuro e de divulgação dos seus produtos.

A ÉTICA E A JUSTIÇA

Outro aspecto da conduta humana que motiva as partes para comportamentos antiéticos é a busca da justiça. São necessários certos padrões para garantir que a justiça seja preservada. As questões de justiça são baseadas em diferentes padrões de distribuição de resultados: aquilo que as partes realmente recebem (em benefícios econômicos ou sociais) comparado com aquilo que elas acreditam que merecem.

Os conflitos começam a surgir quando as partes discordam quanto ao seu desempenho real e quanto ao que acham que merecem pelo efetivo desempenho. Além disso, as questões de justiça podem surgir quando as partes discordam sobre a natureza das regras e se elas estão sendo seguidas para o atingimento de uma determinada finalidade.

A ÉTICA E A COMPETIÇÃO

Da mesma forma, quando existe uma competição muito intensa, torna-se mais fácil e mais comum violar um padrão ético, na ânsia de derrotar um oponente para atingir um objetivo. Por outro lado, quando há algum desacordo quanto aos resultados desejados, há uma tendência maior de se desconsiderar os princípios éticos, no sentido de se atingir o que se pretende, ou para bloquear os outros no atingimento dos seus objetivos. Nesse sentido, seria importante, então, identificar as diferentes maneiras pelas quais essas violações éticas normalmente ocorrem.

Portanto, identificando as três principais questões da conduta humana e do sistema empresarial, quais sejam a busca do lucro, a natureza da competição e os padrões de justiça apropriados, pode-se fazer uma avaliação das questões éticas na negociação. Entende-se claramente que, quando as partes buscam avidamente a maximização de seus lucros, elas têm uma tendência maior a usar táticas questionáveis em termos éticos

Segundo Lewicki e Litterer (1985, p. 319), há três aspectos principais de conduta ética ligados às questões básicas que aparecem nas negociações: os meios *versus* os fins, relativismo *versus* absolutismo e a questão de contar a verdade.

VOCÊ SABIA?

"Fraude" e "disfarce" são palavras comuns em negociação. Segundo Lewicki (1983), podem assumir diferentes formas, tais como: adulteração de uma posição perante o oponente, blefe, falsificação, exposição seletiva ou adulteração de elementos.

Ao se analisar por que as pessoas usam comportamentos antiéticos, a primeira coisa que ocorre é acreditar que as pessoas são corruptas, degeneradas e imorais. Na verdade, essa análise é muito simplista; além disso, ela não ajuda a entender e controlar o próprio comportamento, ou influenciar e predizer com sucesso o comportamento de outros em um ambiente de negociação.

Como resultado de sua possível decisão de empregar uma tática antiética, o negociador terá consequências positivas ou negativas. Essas consequências ocorrerão, dependendo de as táticas terem sido trabalhadas ou não e da estratégia de influência global. Além disso, como outras pessoas irão avaliar táticas antiéticas como sendo próprias ou impróprias para uso em negociação, o resultado é que a tática irá levar a reações emocionais muito fortes.

Assim, além de as táticas antiéticas poderem levar a sucessos apenas no curto prazo, podem também levar à vingança da vítima. Além disso, a experiência de ter sido explorado provavelmente levará a um efeito muito forte sobre a visão de negociação da vítima no futuro.

Do ponto de vista do negociador, a principal motivação para utilizar um comportamento antiético é aumentar o poder e o controle. Como acredita-se que a maior parte dos negociadores não é desonesta ou patológica, mas consciente das suas responsabilidades morais e sociais, então, quando decide utilizar uma tática antiética, busca razões para justificar esse comportamento.

Na verdade, quanto mais frequentemente um negociador utiliza o processo de justificar atitudes antiéticas, mais seus julgamentos sobre padrões e valores éticos se tornam tendenciosos, levando a uma habilidade cada vez menor de fazer julgamentos precisos sobre a verdade.

Enfim, essas táticas, normalmente utilizadas visando ganhar poder, na verdade, com o tempo, fazem com que o negociador experimente uma perda de poder, à medida que começam a caracterizá-lo como alguém com menor credibilidade e integridade, devido ao fato de agir explorando as oportunidades que surgem. Dessa forma, esse tipo de negociador tende a ser menos bem-sucedido a longo prazo, em função da sua reputação negativa gerada pelo seu tipo de conduta.

1.7 NEGOCIAÇÕES NO MUNDO EMPRESARIAL

A negociação é elencada como uma das habilidades humanas necessárias aos gestores do mundo contemporâneo. Contudo, Katz, na década de 1950, quando enunciou as "habilidades" dos administradores, já destacava dentre as habilidades humanas a qualidade necessária ao gerente de trabalhar em grupo e liderá-lo (KATZ, 1976). Sem dúvida, nesse contexto das habilidades humanas, está a negociação.

O gerente ocupa a maior parte do seu tempo em muitas das situações enfrentadas no dia a dia em que há conflitos de interesses. As pessoas (clientes, fornecedores, colaboradores e gestores) discordam entre si e utilizam a negociação para buscar uma forma de ação conjunta que possa atender melhor as partes envolvidas.

Apesar da sua importância, o processo de negociação frequentemente é incompreendido ou menosprezado, culminando com resultados inferiores àqueles que poderiam ser obtidos se se pensasse nos passos recomendados para uma negociação, quais sejam: separar as pessoas do problema; concentrar-se nos interesses, e não nas posições; buscar opções de ganhos mútuos e definir critérios objetivos (FISHER; URY; PATTON, 2018).

O assunto negociação vem assumindo importância cada vez maior no mundo empresarial. Há 20 anos, nos cursos de Administração e *Business*, era muito raro encontrar esse tipo de disciplina nos currículos regulares. Hoje, são praticamente obrigatórios cursos dessa área, sendo que nos Estados Unidos são os mais procurados, quer em nível de pós-graduação, quer em termos de programas de formação e treinamento de executivos.

Os cursos de Negociação se tornaram muito populares e atraem tanta atenção atualmente devido a diversos fatores; em especial, porém, ressalta-se que as recentes alterações econômicas e sociais no mundo fizeram com que as habilidades específicas de negociação sejam não só mais importantes como também mais difíceis de desenvolver.

ATENÇÃO

- As negociações nas organizações frequentemente envolvem mais que dois lados. Isso ocorre pelo fato de serem as organizações compostas por várias áreas, com diversos interesses comuns e outros conflitantes.
- A dinâmica das negociações em grupo é muito mais complexa do que aquela que é utilizada nas negociações envolvendo apenas dois lados. Em negociações bilaterais, há apenas dois conjuntos de interesses e uma única interação. Com o envolvimento de diversos lados, a rede amplia-se, envolvendo um conjunto muito maior de interesses e de interações entre as partes.
- Para se buscarem acordos integrativos nessas situações, é necessário considerar os interesses básicos dos diversos grupos e subgrupos dentro da organização, considerando-se as informações básicas disponíveis, os diferentes poderes envolvidos, o tempo que se dispõe para a negociação e, sempre que possível, os estilos das pessoas envolvidas na negociação, assim como as questões éticas que predominam na empresa em questão.
- Quando ocorrem negociações em grupo (que são muito comuns nas empresas), os administradores devem conhecer bem não só as várias possibilidades de distribuição, como também as preferências dos membros dos demais grupos.

Outro aspecto importante a ser ponderado nas negociações envolvendo diversas áreas de uma empresa refere-se à observação sobre o comportamento dos grupos envolvidos, verificando se eles são cooperativos ou competitivos. Essa questão, evidentemente, depende muito da cultura organizacional e dos valores que predominam na empresa.

CAPÍTULO 1 | NEGOCIAÇÃO: CONCEITOS BÁSICOS

A negociação pode ser dividida em vários estágios ou etapas. Assim, Acuff (1998, p. 31-32), por exemplo, subdivide-a em algumas etapas:

1. Orientação e pesquisa: trata-se do estágio mais crítico de uma negociação, e nem sempre se dá a ele a devida atenção.
2. Resistência: pode ser uma parte penosa da negociação; porém não se deve deixar abalar com a resistência que eventualmente se encontra.
3. Reformulação das estratégias: nesta fase, a principal característica é a da revisão das estratégias, que deve ser feita continuamente.
4. Discussões difíceis e tomada de decisões: essa fase da barganha é muito questionada por alguns, que defendem que a barganha não deve acontecer em um processo de negociação, devendo-se buscar atender aos interesses de ambas as partes envolvidas.
5. Acordo: trata-se da etapa da garantia da compreensão mútua quanto a todos os detalhes que foram negociados e deverão ser cumpridos.
6. Seguimento: constitui-se no estabelecimento do estágio para a próxima negociação a ser executada.

Evidentemente, essa divisão por etapas pode ser diferente, de acordo com o enfoque a ser dado pelos negociadores, além de diferenças referentes à importância que cada um dá àquela negociação especificamente.

Diante desse novo quadro exposto, para ser bem-sucedido em sua carreira profissional, bem como para ter boas condições de adaptação contínua às mudanças constantes sofridas no ambiente, torna-se fundamental que os profissionais possuam boas habilidades de negociação e que as utilizem como uma ferramenta poderosa.

Segundo Bazerman e Neale (2016, p. 17), "negociar racionalmente significa tomar as melhores decisões para maximizar seus interesses". Conforme afirmam ainda esses autores, negociar racionalmente significa também chegar ao melhor acordo e não ficar satisfeito com um acordo qualquer. Eles dizem ainda que, em muitos casos, não fazer qualquer tipo de acordo é melhor do que simplesmente "receber um sim". É importante, porém, saber decidir quando é bom chegar a um acordo e quando não é.

Normalmente, o desejo de "vencer" a qualquer custo destrói a possibilidade de ser desenvolvida uma estratégia racional de negociação. Rapoport (1986 *apud* BAZERMAN; NEALE, 2016, p. 26) afirma que o desejo obstinado de vencer leva a atitudes desastrosas, constituindo-se num dos motivos pelos quais muitos compradores tendem a perder dinheiro nos processos de fusão e aquisição. Ele afirma, ainda, que, enquanto muitos argumentam que fusões criam sinergia, na verdade os beneficiários dessa sinergia geralmente são os vendedores, não os compradores.

Bazerman e Neale (2016) apresentam, também, os conceitos de negociação distributiva e negociação integrativa. Negociação distributiva é aquela em que uma pessoa ganha às custas de outras. Os autores a explicam por meio do exemplo da "torta fixa", na qual se tem apenas uma torta (de tamanho fixo e conhecido) a ser negociada entre os participantes. Assim, o fato de uma pessoa ficar com um pedaço maior da torta fatalmente fará com que a(s) outra(s) parte(s) fique(m) com um pedaço menor. Porém, na maioria dos conflitos, há mais de uma questão em jogo e cada lado dá diferente valor às diferentes questões. Assim, os resultados disponíveis não formam mais uma torta fixa a ser dividida entre todos os envolvidos. Podem ser encontrados uma solução e um acordo melhor, para todos, do que aqueles a serem encontrados através de uma simples negociação distributiva. Esse é o conceito de negociação integrativa.

Muitas pessoas recomendam que se comece uma negociação pelas questões mais simples (por exemplo, em uma mesa de negociações de reivindicações salariais, em que normalmente há vários pontos a serem discutidos, pode-se começar pelas questões de mais fácil solução), pois, após terem sido discutidas várias questões, o envolvimento e o compromisso são maiores, em função do tempo já dedicado àquela negociação, tornando-se, com isso, mais fácil resolver as questões subsequentes.

Já outros são de opinião que é melhor iniciar uma negociação com vários itens pelo mais complicado e importante de todos, pois, resolvido esse primeiro ponto básico, torna-se mais fácil seguir em frente com os outros, por serem de importância menor e o grande passo já ter sido dado.

Um administrador eficaz deve avaliar objetivamente as alternativas de cada um dos lados, seus interesses e suas prioridades. Em conjunto, esses três grupos de informações determinam a estrutura de uma negociação. Deve-se compreender os componentes integrativos e distributivos de uma negociação para ser capaz de ampliar o conjunto de recursos disponíveis para atuar na negociação.

Antes de iniciar qualquer negociação importante, devem-se considerar as consequências potenciais de não ser possível chegar a um acordo. Nesse sentido, é de fundamental importância determinar-se a MAANA (Melhor Alternativa à Negociação de um Acordo), ou BATNA, conforme proposto por Fisher, Ury e Patton (2018, p. 124), indicando o mais baixo valor aceitável para se fazer um acordo negociado.

Bazerman e Neale (2016, p. 89-96) apresentam algumas propostas básicas para se chegar a negociações racionais:

1. Avaliar o que será feito se não for fechado um acordo com seu oponente atual.

2. Avaliar o que seu oponente atual fará se não for fechado um acordo com você.

3. Avaliar as verdadeiras questões da negociação.

4. Avaliar quão importante é cada questão para você.

5. Avaliar a importância de cada questão para seu oponente.

6. Avaliar a área de barganha.

7. Avaliar onde há possibilidade de trocas.

8. Avaliar o grau em que se pode ser afetado pela tendência de aumentar irracionalmente seu compromisso com uma estratégia selecionada anteriormente.

9. Avaliar o grau em que seu oponente pode ser afetado pela tendência de aumentar irracionalmente seu compromisso com uma estratégia selecionada anteriormente.

CAPÍTULO 1 | NEGOCIAÇÃO: CONCEITOS BÁSICOS   29

Encontrar soluções criativas que fiquem fora dos limites do conflito é uma forma muito útil de aumentar os recursos conjuntos compartilháveis pelos dois lados envolvidos no processo, aumentando as chances de se chegar a uma negociação efetiva.

1.8 NEGOCIAÇÕES INTERNACIONAIS EM UM CONTEXTO GLOBALIZADO

As negociações em nível internacional assumiram, nos últimos tempos, uma importância cada vez maior, principalmente com a globalização da economia. Além da emergência de uma economia global, outros aspectos básicos para a ampliação de negociações em nível internacional são o aumento dos investimentos no exterior e a ampliação de acordos de negócios em nível mundial.

A maneira de atuar das empresas em nível internacional vem sofrendo grandes alterações em função de uma série de aspectos que caracterizam o novo mercado globalizado:

- Formação de uma rede de contatos internacionais.
- Busca intensa de novos conhecimentos em âmbito geral e criação de mentalidade claramente internacional.
- Preocupação constante de envio de executivos para conhecer profundamente os ambientes internacionais.
- Formação de redes integradas com subsidiárias.
- Participação intensa em redes de fornecedores em nível internacional (válido tanto para empresas internacionais quanto para empresas nacionais).

Dessa forma, pode-se tentar estabelecer as bases para o futuro das empresas de padrão internacional, tendo como principais pontos os seguintes:

- Desenvolvimento do seu próprio modelo.
- Respeito a sua própria história corporativa e à influência que ela exerce sobre os valores e as atividades da empresa nos dias atuais.
- Estabelecimento de mentalidade que contemple de maneira intensa a questão internacional.
- Incentivos constantes e contínuos ao desenvolvimento da criatividade na empresa (em todos os sentidos, e na empresa como um todo).
- Buscar a reinvenção do seu setor (no sentido de assumir uma postura proativa em relação ao ambiente, antecipando-se às ameaças e oportunidades que possam surgir).

Com isso, o desenvolvimento de habilidades de negociação em nível internacional assumiu importância cada vez maior. Assim, a capacidade de um negociador em influenciar os outros de uma maneira positiva e construtiva passou a ser de fundamental importância.

Evidentemente, as negociações em nível internacional, para se tornarem efetivas, devem considerar como ingredientes básicos os aspectos culturais de cada país envolvido, em virtude das grandes diferenças existentes e da enorme influência que esses fatores culturais têm sobre as atitudes e o comportamento das pessoas em seu dia a dia, tanto nas atividades em nível empresarial quanto nas atividades em níveis pessoal e social.

Para ser efetivo, tanto como indivíduo como em termos de organização, é fundamental pensar de maneira global. E, mais do que isso, e de uma forma ainda mais importante, deve-se ser global efetivamente, estar voltado para um mercado global, raciocinar de maneira global, estar informado e atualizado constantemente sobre aquilo que acontece em nível mundial.

Em segundo lugar, no aspecto dos recursos humanos envolvidos nos processos de internacionalização, cada vez mais as empresas se dão conta da importância de preparar adequadamente seus recursos humanos para enfrentarem essa nova situação.

Um terceiro aspecto fundamental nesse processo é a questão do capital, que passou a ser trabalhado de maneira muito mais fácil e intensa com a expansão dos mercados.

Nesse ambiente, a inovação foi um dos aspectos mais importantes para as empresas durante os anos 1990, garantindo a elas não só a possibilidade de se manterem no mercado, mas, principalmente, de ganharem vantagem competitiva em relação aos seus concorrentes e ao seu ambiente. Contudo, com o século XXI, além da inovação, as organizações precisaram de criatividade e conhecimento tecnológico para agregarem valor aos seus negócios.

Pode-se considerar a criatividade o mecanismo pelo qual a realização tecnológica rompe e transforma a inovação (NYSTRÖM, 1990). Dessa forma, vê-se claramente a importância de a empresa ir além da inovação, buscando, de maneira decidida, a criatividade como instrumento ágil e efetivo para a adaptação e antecipação às mudanças do ambiente.

IMPORTANTE

Um negociador de nível internacional deve estar apto e bem informado a respeito de uma série de pontos fundamentais para sua atividade, quais sejam:

- As habilidades internacionais de negociação que são críticas para o seu sucesso.
- A grande amplitude e variedade de acordos e negócios realizados em nível internacional.
- A frequência cada vez maior de investimentos feitos pelas empresas em nível mundial.
- Finalmente, a emergência, e mesmo a realidade já presente, de uma economia cada vez mais globalizada, com a queda contínua das barreiras entre os países.

Sem dúvida, as escolas de Administração devem dar suas contribuições para levar o país aos caminhos que ele precisa para ser bem-sucedido no mundo da globalização. Nesse sentido, os aspectos tecnológicos assumem fundamental importância.

Porém, mais importante ainda do que os aspectos tecnológicos são os aspectos humanos, ligados à formação e ao preparo desses administradores que enfrentam os desafios do século XXI. Nesse aspecto, as habilidades de comunicação e negociação assumem, sem sombra de dúvida, papel fundamental para que os administradores

CAPÍTULO 1 | NEGOCIAÇÃO: CONCEITOS BÁSICOS **31**

possam estar aptos a essas atividades, voltadas mais a aspectos ligados às ciências humanas e menos às ciências exatas.

Nos Estados Unidos, Canadá e Europa já se nota um grande incremento de disciplinas ligadas a esses tópicos, quer em nível de graduação, quer em nível de pós-graduação. Assim, disciplinas como Política de Negócios Internacionais, Gerência Estratégica Internacional, Comunicação entre Diferentes Culturas, Marketing e Vendas em Nível Internacional, Finanças Internacionais, entre outras, já fazem parte de currículos de Administração em escolas desses países.

No Brasil, o atraso em relação à introdução desse tipo de disciplina perdurou por um tempo, restringindo-se apenas a algumas iniciativas isoladas de poucas universidades, principalmente com os cursos de Marketing Internacional, Finanças Internacionais e Economia Internacional. Atualmente, contudo, é conteúdo obrigatório de cursos de graduação e pós-graduação, presenciais e a distância, que envolvam a área empresarial. As habilidades básicas a serem desenvolvidas nas negociações são fundamentalmente as já praticadas desde criança, porém as pessoas acabam se esquecendo delas quando se tornam adultas, pois ficam mais exigentes, sofisticadas e criteriosas com o passar do tempo.

VOCÊ SABIA?

As crianças são consideradas excelentes negociadores. Martinelli e Almeida (1997, p. 149) esclarecem que as crianças:

- De maneira geral, são persistentes.
- Não sabem o significado da palavra "não".
- Nunca se embaraçam: sempre têm uma resposta pronta para qualquer pergunta ou para qualquer situação que vier a se apresentar.
- Frequentemente, elas leem os adultos melhor do que estes as leem.

As habilidades de negociação para os negociadores internacionais são basicamente as mesmas dos negociadores locais, podendo-se considerá-las como universais. A única diferença refere-se ao ambiente e, por conseguinte, à maneira de utilizar essas habilidades.

Assim, ao se pensar em negociações internacionais, deve-se ter consciência da importância da análise do ambiente e das influências que ele exerce sobre os negociadores, fazendo com que as habilidades destes devam ser utilizadas de maneira diferente, em função das características do país no qual está inserida a negociação.

Com o tempo e a experiência, pode-se começar a identificar algumas características básicas de certos povos e de pessoas de determinados países. Entretanto, as generalizações são muito difíceis e pode-se incorrer em erros graves ao tentar generalizar para todas as pessoas daquele grupo.

Sempre é útil conhecer um perfil aproximado dos negociadores de um país, embora isso deva ser utilizado com as restrições já apresentadas. Assim, Steele *et al.* (1995, p. 117) apresentam algumas características básicas de alguns povos, tais como suecos, ingleses, países do Mediterrâneo, alemães, franceses, holandeses, americanos, russos, japoneses, conforme destacado em Martinelli e Almeida (1997, p. 152).

A importância da globalização da economia é tão grande e se faz presente de maneira tão intensa no dia a dia das empresas e pessoas que chega até a causar espanto pela facilidade de penetração dos produtos nas economias espalhadas pelo mundo.

Durante muito tempo, os países se preocuparam em serem efetivos apenas em sua economia, relativamente fechada para o mercado externo. Isso podia ser suficiente, naquela época, para garantir não só a sobrevivência da empresa, mas também seu crescimento ao longo do tempo. As empresas não se focavam nos mercados externos, não havendo a preocupação de levar seus produtos até outros países e outros continentes. Isso, em grande parte, acontecia em virtude das enormes dificuldades de comunicação e de transporte.

Com o intenso desenvolvimento da tecnologia da informação, nos últimos anos, a distribuição dos produtos no mercado global passou a ser facilitada, tornando-se mais viável e extremamente necessária. Dessa forma, hoje, ser efetivo em nível interno exige, necessariamente, a efetividade em nível global. Os mercados se abriram de tal forma que uma empresa localizada em qualquer ponto do mundo pode, e deve, se tornar uma empresa global. Fica até difícil, nos dias de hoje, imaginar um novo projeto de empresa ou de produto que não considere, a curto ou médio prazo, a perspectiva de expansão de seus negócios e de ingresso no mercado internacional.

O aumento na globalização da economia pode ser visto, de uma maneira muito clara, no crescimento explosivo no número e tamanho de empresas nacionais e multinacionais voltadas para o mercado externo nesta última década. E, considerando países desenvolvidos e melhor estruturados, essa relação é ainda mais forte.

RESUMO EXECUTIVO

- O acordo formado a partir da negociação deve buscar um relacionamento que possa ser duradouro, que leve a novas parcerias no futuro e que mantenha, ou melhore, o contato entre as partes envolvidas, isto é, o ganha-ganha.
- A habilidade de negociação pode ser aprendida e aperfeiçoada.
- Toda negociação é condicionada por três variáveis básicas: tempo, poder e informação. O negociador efetivo deve também saber lidar com os poderes, próprios e do oponente, priorizar o trabalho em grupo e a participação dos envolvidos na determinação do acordo, a fim de estabelecer um compromisso, manter relacionamentos de confiança e amizade e possibilitar surgimento de novas oportunidades de negociação no futuro.
- O planejamento de uma negociação reforça a obtenção de resultados efetivos.
- Em alguns casos, torna-se imprescindível determinar a Melhor Alternativa à Negociação de um Acordo (MAANA).
- O segredo do sucesso em um processo de negociação está em ser capaz de lidar efetivamente com as pessoas, ser flexível e criativo buscando êxito, inclusive, nas soluções de problemas desagradáveis e aparentemente insolúveis.

CONFLITO 2

OBJETIVOS DE APRENDIZAGEM	■ Apresentar o tema conflito e sua abordagem.
	■ Descrever as origens dos conflitos.
	■ Abordar os aspectos positivos e os aspectos negativos do conflito.
	■ Analisar e apresentar o crescimento e o desenvolvimento dos conflitos.
	■ Explicar como enfrentar situações de conflito, bem como sua administração e a sua presença nas organizações.
	■ Pontuar ações e resultados conforme tipo e intensidade do conflito.
	■ Descrever uma visão atual sobre conflitos.
	■ Apresentar percepções equivocadas de conflito.
	■ Abordar a resolução de conflitos e seus passos.
	■ Destacar a negociação nos conflitos.
	■ Descrever a mediação e arbitragem na solução de conflitos.

2.1 CONFLITO: O QUE É E COMO ENTENDÊ-LO

O que significa o termo "conflito"? Incialmente, consultando o dicionário (FERREIRA, 2013, p. 188), encontramos: "do latim *conflictu*; (1) luta, embate; (2) guerra; (3) enfrentamento; (4) oposição entre duas ou mais partes; (5) desavença entre pessoas, grupos; (6) divergência, discordância de ideias, de opiniões". Ao recorrer à literatura específica do assunto, há vários autores que definem e tratam a questão do conflito, conforme é abordado na sequência.

Follett (*apud* HAMPTON, 1991, p. 290) afirma: "Nós não devemos ter medo do conflito, porém devemos reconhecer que existem um modo destrutivo e um modo construtivo de proceder em tais momentos". Aqui notam-se claramente as duas possibilidades de agir em relação aos conflitos, que são uma constante no dia a dia dos indivíduos, pois não podem ser evitados de maneira absoluta.

Dessa forma, existem duas maneiras de enfrentá-los: uma abordagem negativa e outra positiva. A primeira encara o conflito como algo prejudicial, devendo ser evitado a todo custo e, não se podendo impedi-lo, pelo menos dever-se-ia buscar minimizar seus efeitos. A segunda encara o conflito de maneira positiva, procurando verificar aquilo que pode trazer de benéfico, em termos de diferenças de opiniões e visões, bem como de possibilidades de aprendizagem e enriquecimento em termos pessoais e culturais. Nesse caso, já que existem também aspectos negativos, deve-se buscar minimizar seus efeitos, reforçando-se, por outro lado, todos os aspectos positivos que possam advir do conflito.

De acordo com Hampton (1991, p. 296), embora o termo "conflito" denote quase sempre situações desagradáveis, tais como competição, oposição, incompatibilidade, desarmonia, discordância, luta e discussão, que normalmente sugerem que nenhuma solução boa é possível, ou que o conflito necessariamente prejudicará algumas pessoas e alguns interesses, nem sempre o conflito deve ser analisado apenas de maneira negativa, pois aspectos positivos podem ser emanados do conflito, culminando em crescimento pessoal aos envolvidos. Segundo o autor, o "conflito é o processo que começa quando uma parte percebe que a outra parte frustrou ou vai frustrar seus interesses". Apesar disso, nem sempre o conflito deve ser analisado apenas de maneira negativa, pois aspectos positivos podem ser emanados do conflito, culminando em crescimento pessoal aos envolvidos.

Kohlrieser (2013, p. 114) destaca que "Líderes, professores, técnicos – todos aqueles empenhados em lidar com outras pessoas têm que aprender a gostar de lidar com conflitos. Para muitas pessoas, é um choque pensar na ideia de aprender a gostar de lidar com conflitos".

Desse modo, o conflito não necessariamente acontecerá entre duas pessoas podendo existir entre dois grupos, um grupo e uma pessoa, uma organização e um grupo e assim por diante. Diante dessa visão, percebe-se que o conflito está ligado à frustração, fato que o desencadeia. Reconhecido esse processo, o fenômeno do conflito pode ter um efeito construtivo ou destrutivo, dependendo da maneira como é administrado.

2.2 ORIGENS DOS CONFLITOS

Negociações ou conflitos? Negociamos a partir de conflitos? Ou a partir de negociações surgem conflitos? O que vem primeiro?

Quando se pensa em negociação, deve-se levar em conta que muitas negociações se iniciam a partir de algum tipo de conflito, contudo, muitas vezes, há o conflito e uma das formas de resolvê-lo é usando a negociação. Assim, negociamos a partir de conflitos, e a partir de negociações surgem conflitos.

Essa origem das negociações nos conflitos pode ser de diferentes naturezas, conforme observado por Hodgson (1996, p. 206): conflitos de interesses, conflitos de necessidades, conflitos de opinião. Pode, inclusive, ser de natureza totalmente amigável, de tal forma que nem leve os participantes a pensarem em termos de conflito; entretanto, se não houvesse nenhum tipo de conflito, não haveria necessidade de negociação. Além disso, a negociação é um dos melhores e mais utilizados meios para solucionar conflitos.

Nesse contexto, sendo as organizações um aglomerado de subgrupos e interesses, Salaman (1978 *apud* HODGSON, 1996, p. 207) pondera que elas deveriam ser representadas por estruturas cooperativas e harmoniosas, nas quais os conflitos surgem apenas excepcionalmente em função de diferenças de personalidade ou mal-entendidos. Assim, as organizações constituem-se em verdadeiras arenas para conflitos individuais ou grupais, nos quais os participantes lutam por recursos limitados, possibilidades de progresso na carreira, privilégios e outras recompensas que possam ser proporcionadas pela empresa. Os conflitos entre grupos são muito comuns, tanto dentro quanto fora das organizações.

VOCÊ SABIA?

- O simples fato de dividir pessoas em grupos pode iniciar um conflito. Hodgson explica que para que exista conflito basta a existência de grupos, ou seja, a simples existência de diferentes grupos já cria um potencial latente de conflitos. Handy (1983 *apud* HODGSON, 1996, p. 207) cita um experimento no qual dividiu alguns garotos, que não se conheciam, em dois grupos. Eles dormiam em quartos separados e desenvolviam atividades diferentes e totalmente independentes. Os observadores do experimento perceberam que a competição entre os dois grupos surgia muito rapidamente, e que essa competição logo se traduzia em conflito. Concluído o experimento, eles procuraram reunir novamente os dois grupos em conjunto, buscando integrá-los. Porém, o que notaram é que era muito difícil dissipar os conflitos existentes, não conseguindo, pois, o sucesso de reagrupá-los novamente. Além disso, os conflitos surgiam apenas em função da existência dos grupos, já que não existia nenhum motivo concreto para seu surgimento.

Segundo Hampton (1991, p. 297), o conflito pode surgir da experiência de frustração de uma ou de ambas as partes, de sua incapacidade de atingir uma ou mais metas. A seguir, a parte frustrada interpreta a situação, projetando suas consequências e passando a comportar-se à luz da situação imaginada. A outra parte envolvida reage a esse comportamento com base em suas próprias percepções e conceituações da situação, que podem ser bem diferentes daquelas imaginadas pela outra parte. Tem-se, então, os resultados do conflito, que podem ser de natureza completamente diversa para cada um dos negociadores, ou seja, um ciclo de frustrações ocorre em virtude da má interpretação ou incompreensão dos interesses ou necessidades das partes, fazendo com que cada um interprete a situação a seu modo.

Nesse momento, é importante pontuar outras causas dos conflitos: diferenças de personalidade, existência de atividades interdependentes no trabalho, metas diferentes, recursos compartilhados, diferenças de informação e percepção, entre outras.

Diferenças de personalidade são sempre invocadas como explicação para as desavenças entre pessoas no trabalho. As partes em conflito normalmente alegam que são reveladas algumas características indesejáveis da outra parte no relacionamento. Assim, o diagnóstico preliminar ajuda a antecipar o conflito e auxilia no controle de desavenças, pois conhecendo a personalidade do oponente é possível saber como lidar com ele, facilitando a comunicação e o relacionamento.

Quanto à interdependência das tarefas no trabalho, existem vários estudos sobre fluxos de trabalho e padrões de interação e relacionamento mostrando que as atividades exercidas e os sentimentos pessoais geram uma interdependência das tarefas no trabalho, e são apontados como uma das causas do conflito organizacional.

Frequentemente, há atrito entre dois gerentes ou funcionários de departamentos diferentes em função da sequência das operações na empresa.

No que se refere a metas diferentes, existem muitas situações nas quais indivíduos que implantaram adequadamente os objetivos e as metas de sua respectiva unidade entram em conflito com outra unidade organizacional devido ao fato de existirem tensões ou diferenças entre os objetivos e as metas das diversas unidades.

Recursos compartilhados são, sem sombra de dúvida, outra causa frequente de conflitos nas organizações. Assim, podem-se citar exemplos como o tempo de uso do computador, utilização de verbas limitadas para aquisição de equipamentos, espaço limitado no escritório, o uso do ar-condicionado, entre outros.

As diferenças em informação e percepção são outra causa muito comum de conflitos nas organizações. Assim, gerentes de diversos níveis hierárquicos, ou vários departamentos no mesmo nível, tendem a obter diferentes informações e ver as coisas diferentemente. Essas divergências são induzidas por diversos papéis e responsabilidades, podendo também estar relacionadas com as diferenças nas metas de cada unidade.

2.3 EFEITOS POSITIVOS E NEGATIVOS DOS CONFLITOS

Tendo em vista as abordagens positiva e negativa, deve-se esclarecer que há efeitos positivos e efeitos negativos emanados dos conflitos.

Dentre os efeitos negativos, muitas vezes, as partes envolvidas nos conflitos passam por uma série de sensações de dor, antagonismo e hostilidade. Os sentimentos negativos intensos podem trazer conclusões precipitadas e descabidas sobre motivos, atitudes e intenções do outro, e reduzir o contato entre as pessoas, estendendo o conflito além do seu problema original, levando à ruptura no relacionamento.

Outro aspecto negativo que pode ser citado é a enorme quantidade de energia desviada para fora da consecução dos propósitos organizacionais em função da dinâmica destrutiva do conflito. Além disso, o conflito também faz com que o fluxo de comunicação e de informações seja distorcido, com alguns participantes falando apenas com aqueles de quem gostam e com os que concordam com eles. Por outro lado, em alguns momentos são tomadas decisões de baixa qualidade, ocorrendo aceitações unilaterais de decisões impostas. A falta de interação ou a existência de interações inadequadas contribuem para que decisões desacertadas e não compartilhadas sejam tomadas.

Já quanto aos resultados positivos do conflito, conforme Brown (*apud* HAMPTON, 1991), pode-se citar "a expansão do entendimento dos assuntos, mobilização dos recursos e energia das partes, esclarecimento das soluções competitivas e busca criativa de alternativas e maior habilidade para trabalhar em conjunto no futuro". Assim, é possível provocar as pessoas de modo que uma energia seja gerada, bem como certo nível de estímulo e tensão que ajudará a buscar a melhor alternativa para solução do conflito. Vale ressaltar que grupos nos quais os participantes têm interesses diversos e expressam ideias diferentes, submetendo-as às críticas dos outros, criam sempre mais soluções e, normalmente, de melhor qualidade.

Para tratar dos efeitos do conflito, Handy (1983 *apud* HODGSON, 1996, p. 208) distingue três tipos básicos de conflito nas organizações: discussão, competição e conflito. O autor esclarece que as duas primeiras formas, isto é, discussão e competição, podem emanar efeitos positivos, enquanto o conflito é apresentado como nocivo.

Segundo o autor, no tipo "discussão", as contribuições das diferentes visões podem levar a uma melhor solução e sugerem dois pré-requisitos para haver discussões produtivas e construtivas:

- A existência de uma liderança compartilhada, com confiança e confidência entre os membros do grupo, levando-os a apresentarem abertamente não só os fatos, como também suas impressões sobre a situação.
- As questões devem ser tratadas de tal forma que os objetivos sejam esclarecidos e a discussão se foque nos fatos conhecidos, nas metas a serem perseguidas e nos métodos a serem utilizados.

Já no tipo "competição", estabelecem-se padrões para um desempenho superior e motivam-se as pessoas para produzir e trabalhar mais para atingir um padrão de desempenho superior. Neste caso, a competição poderá ser frutífera se ela for aberta (todos ganham), visto que nas competições fechadas tem-se uma pessoa ganhando da outra, o que pode levar aos conflitos destrutivos.

Porém, muitos conflitos que surgem dentro e fora das organizações não são nem do tipo "discussão" nem do tipo "competição", nomeados aqui apenas "conflitos". As principais razões para isso são: falta de confiança, perspectivas diferentes e enfoques individuais para o tratamento das divergências. Com isso, são conflitos dos quais emanam aspectos negativos, sendo destrutivos.

Ao tratar de enfoques para se lidar com o conflito, Porter (1973 *apud* HODGSON, 1996, p. 210) classifica em três tipos, de acordo com as motivações que estão por trás do comportamento das pessoas: aquele que empurra a solução do conflito, o que ajuda a solucioná-lo e aquele que analisa o conflito.

- No enfoque do que **empurra para a solução do conflito**, tem-se o negociador que gosta de ver as coisas feitas. Normalmente, ele é assertivo e entusiástico ao trazer novas ideias. Procura estabelecer um objetivo a ser atingido e proporcionar a autoridade para que isso aconteça. Sua ênfase está sempre na ação, no movimento e no cumprimento das tarefas.
- Aquele que se preocupa em **ajudar a solucionar o conflito** quer que seu comportamento seja sempre benéfico aos outros. O negociador pondera que as pessoas sempre levam em conta quando há coisas a serem feitas e procura ajudar quando sente que pode beneficiar as pessoas (porém, muitas vezes, o faz retraindo-se e deixando que as pessoas aprendam com seus próprios erros).
- Já o que **analisa o conflito age em função da lógica e ordenação**. Gosta muito de procurar fatos para basear sua tomada de decisões. Preocupa-se menos com o acompanhamento das tarefas e com a consideração às pessoas, e mais com a certeza de que tudo esteja sendo feito corretamente, de maneira ordenada e lógica.

Embora todas as pessoas tenham um pouco de cada uma das maneiras de lidar com os conflitos citados, a tendência é se inclinar a um dos três tipos. Cada um deles tem uma maneira típica de reagir às situações, como, aliás, acontece com os estilos na tomada de decisões, conforme será apresentado no Capítulo 3. Assim, aquele que empurra o conflito tem como desafio combater o opositor; já o que se preocupa em auxiliar tem como reação normal a tentativa de deixar as coisas justas, mesmo que para isso precise se afastar do seu caminho para poder atender às necessidades da outra parte; por sua vez, aquele que analisa o conflito busca sempre os fatos, as regras e a lógica da discussão.

Faz-se necessário dizer que qualquer um dos tipos citados, quando levado aos limites extremos em um conflito, tende também a mudar de postura, assim como há mudanças nos estilos de tomada de decisão em condições de pressão. Dessa forma, o primeiro (o que empurra) tende a levar o conflito para uma luta com um fim amargo, o segundo (o que ajuda) tende a se entregar, enquanto o terceiro (o que analisa) tende a retirar-se completamente, rompendo todos os contatos.

Os conflitos destrutivos acontecem quando:
- as pessoas sentem-se insatisfeitas e desmotivadas;
- o conflito torna-se mais significativo do que a tarefa a ser desempenhada e desvia as pessoas de lidarem com as questões que realmente são relevantes;
- leva as pessoas ou os grupos a se tornarem não cooperativos entre si.

Nesse sentido, os conflitos podem ser construtivos quando ajudam a abrir a discussão de uma questão ou resultam em um problema que está sendo solucionado, contribuindo para aumentar o nível individual de interesse e envolvimento em uma questão, bem como para que as pessoas possam descobrir habilidades que possuem, mas que ainda não haviam se manifestado. Caso os conflitos gerem desavenças profundas, rompimento de relacionamentos, enfoque nas posições e desprezo pelas necessidades da negociação, podem ser considerados destrutivos.

2.4 ANÁLISE DOS CONFLITOS

Segundo Rojot (1991), a ubiquidade do conflito é percebida com frequência, o que originou o crescimento de muitas escolas de pensamento que analisam essas diversidades. Mesmo com o risco de simplificar excessivamente tanto a complexa realidade como as valiosas contribuições de muitos teóricos e cientistas sociais, o autor classifica essas escolas em três categorias, que ilustram as atitudes básicas que podem prevalecer entre cientistas sociais que se defrontam com um conflito:

- tentar suprimi-lo, já que ele é negativo por si só;
- tentar curá-lo (remediá-lo), já que ele é uma doença organizacional;
- reconhecê-lo e tentar administrá-lo.

Com a identificação dessas categorias, podem-se obter três métodos para a análise do conflito: **mecânico, de relações humanas** e **gerencial**. Este último implica um entendimento das organizações como uma rede de negociações.

As teorias mecânicas são parte daquilo que comumente tem sido chamado de teoria clássica das organizações, retornando a Taylor, Fayol e Weber. O trabalho desses precursores deu origem a uma ampla corrente do pensamento, ainda em evidência nos dias atuais e amplamente abordada nos cursos de Administração de Empresas.

A principal suposição por trás da teoria mecânica, ou clássica, é a de que o conflito pode ser suprimido. Ele deveria, porém, ser suprimido com a participação de todas as partes envolvidas na organização. E, se algum nível de conflito ainda persistir, é porque ou as regras da organização ou a postura de algumas pessoas estão falhas; dessa forma, devem-se aperfeiçoar as regras e/ou tentar eliminar as posturas inadequadas e, então, a harmonia será restabelecida.

A hipótese básica na qual essa suposição se baseia é a de que se o esquema organizacional correto é definido, depois de um estudo sistemático de acordo com os princípios cientificamente estabelecidos, e é implementado, tudo vai funcionar conforme o que foi pensado e planejado.

Quanto às teorias originais de relações humanas, estas tendem a considerar o conflito uma doença a ser curada. Essas teorias, frequentemente, se baseiam na análise das características e dos traços individuais. A hipótese básica é a de que os conflitos existem em função de mal-entendidos entre as pessoas. O projeto experimental conduzido na década de 1930, base da Teoria das Relações Humanas, foi baseado em experimentos acompanhados por observadores e em entrevistas com funcionários. Os resultados das pesquisas mostram que os indivíduos não são motivados apenas por dinheiro, mas também, e principalmente, por questões afetivas.

Por outro lado, descobriu-se que o poder não é somente função das posições hierárquicas na organização, mas também da rede de relações que envolve afeto, respeito e outros sentimentos entre indivíduos, independentemente de suas posições.

Já o enfoque gerencial (ou seja, das organizações vistas como uma rede de negociações) é baseado em duas suposições críticas, que devem ser claramente definidas em seus resultados, quais sejam:

1. Predomínio do conflito – baseia-se na hipótese de que o conflito não é patológico, ao contrário daquilo que é defendido pelas teorias de relações humanas; e de que o mesmo não é um acidente, ou o resultado de uma organização falha, ao contrário do que estabelecem as teorias mecânicas.

2. Conflito e negociação – pode-se ter dois tipos de conflito em um dado contexto: o conflito latente e o conflito aberto ou ativo. O conflito latente é a condição de oposição permanente entre duas ou mais partes com interesses divergentes na produção, alocação ou troca de recursos escassos. E os conflitos abertos ou ativos são o ponto de discussão entre as partes a respeito de problemas específicos, quando a condição geral de conflito latente assume um caráter agudo.

NEGOCIAÇÃO E SOLUÇÃO DE CONFLITOS

Porém, deve-se ter em mente que, além da negociação, existem outras maneiras de resolver conflitos dependendo da situação, como: luta, guerra, sorteio, exame, competição, votação, uso de autoridade, normas rígidas a serem seguidas, entre outras. Contudo, a negociação destaca-se como o meio mais eficaz para se alcançar a melhor solução para um conflito, visto que pode haver um debate de ideias e um envolvimento e comprometimento com a solução definida.

2.5 CRESCIMENTO E DESENVOLVIMENTO DOS CONFLITOS

Um conflito frequentemente surge como uma pequena diferença de opinião, podendo muitas vezes se agravar e tornar-se uma hostilidade franca e que leva a um conflito destrutivo entre duas pessoas ou grupos. Hodgson (1996, p. 212) apresenta um modelo, destacado no quadro a seguir, descrevendo diferentes níveis de conflito que mostram claramente como os conflitos podem evoluir.

NÍVEIS DE CONFLITO

- Nível 1 – Discussão: normalmente é racional, aberta, objetiva.
- Nível 2 – Debate: neste estágio, as pessoas podem começar a fazer generalizações e buscar padrões de comportamento. O grau de objetividade começa a se reduzir.
- Nível 3 – Façanhas: as duas partes demonstram uma grande falta de confiança no caminho escolhido pela outra parte.
- Nível 4 – Imagens fixas: são estabelecidas imagens preconcebidas da outra parte. É mostrada uma pequena objetividade e as posições começam a se tornar fixas e rígidas.
- Nível 5 – "*Loss of face*": torna-se difícil para cada uma das partes retirar-se, pois isso caracterizaria "ficar com a cara no chão".
- Nível 6 – Estratégias: a comunicação se restringe a ameaças, demandas e punições.
- Nível 7 – Falta de humanidade: frequentemente, começam a acontecer os comportamentos destrutivos. Os grupos começam a se sentir e ver como menos humanos.
- Nível 8 – Ataques de nervos: a autopreservação passa a ser a única motivação. Indivíduos ou grupos preparam-se para atacar e ser atacados.
- Nível 9 – Ataques generalizados: não há outro caminho a não ser um lado vencendo e o outro perdendo.

O modelo apresentado pode ser aplicado a qualquer tipo de conflito, desde uma pequena discussão entre duas pessoas até uma guerra envolvendo vários países. O fato é que, quanto maior o nível que o conflito atinja, independentemente do tipo, maior será a dificuldade para solucioná-lo. Se o conflito é ignorado ou reprimido, ele tende a crescer e se agravar. Porém, se ele é reconhecido e são tomadas ações construtivas, então ele pode ser resolvido mais facilmente, podendo, inclusive, tornar-se uma força positiva para a mudança.

2.6 SITUAÇÕES DE CONFLITO: COMO ENFRENTÁ-LAS

Como abordado anteriormente, os conflitos podem surgir antes ou durante as negociações; em alguns casos, eles podem ser previsíveis, em outros, não.

Sparks (1992) apresenta um modelo mental de conflito que ele considera útil. Seu desenho origina-se da pesquisa psicológica relativa à administração das interações de grupo. Com esse modelo, segundo o autor, o negociador pode tomar duas decisões-chave em relação a qualquer conflito dado, a primeira com base na sua solubilidade e a segunda com base na sua intensidade.

Ao classificar o conflito *com base em sua solubilidade*, Sparks (1992, p. 98) apresenta:

1. Conflito terminal – parece impossível de ser solucionado através de um acordo. Ele é, por suas características, um conflito "ganha-perde".
2. Conflito paradoxal – parece obscuro; sua solubilidade é questionável. Com frequência, descobre-se mais tarde que ele está relacionado com um ponto que estava fora de sequência, foi definido de modo insuficiente ou, na realidade, era parte de um outro ponto, e o melhor seria que não fosse examinado em separado. Não é, por suas características, um conflito "ganha-perde" nem "ganha-ganha".
3. Conflito litigioso – parece ser solúvel. É, por suas características, um conflito "ganha-ganha".

O autor continua: "um negociador que adote uma posição litigiosa para um ponto de alta importância, não tendo progresso, em um dado momento passa por um conflito terminal. Caso contrário, arrisca-se ao empate forçado ou ao beco sem saída" (SPARKS, 1992, p. 98).

Outra classificação apresentada por Sparks (1992, p. 99) *com base em sua intensidade*:

1. Conflitos muito intensos – existem quando os interesses envolvidos têm muita importância para o negociador e seu oponente. Nessa situação, os negociadores tendem a ser mais enérgicos e ativos.
2. Conflitos menos intensos – os interesses envolvidos são de menor importância. Com isso, os negociadores tendem a ser moderadamente enérgicos ou passivos.

Pode-se ter uma variante desses dois níveis quando uma das partes se importa muito com a questão que está sendo negociada, porém a outra não.

O autor afirma ainda que "os negociadores que exercem uma disciplina apropriada só reagem a um conflito depois que tomarem ambas as decisões. Caso contrário, aumenta o risco de agir de modo incompatível com a solubilidade do conflito" (SPARKS, 1992, p. 99).

2.7 ADMINISTRAÇÃO DOS CONFLITOS

Hampton (1991, p. 303) afirma que existem quatro modos distintos de administrar conflitos: (1) acomodação, (2) dominação, (3) compromisso e (4) solução integrativa de problemas.

(1) Acomodação

O significado da acomodação pode ser o de um instrumento para manipular o conflito. Porém, quando os problemas simplesmente são encobertos, usualmente não se resolvem por si mesmos; na verdade, sempre se agravam quando não se toma nenhuma atitude. Segundo alguns pesquisadores, as organizações menos eficientes eram marcadas pela tendência de esconder o conflito.

Para evitar o problema emocional, muitas pessoas nas organizações encobrem problemas por meio de uma série de técnicas, tais como: diminuir a seriedade do problema, negar que existe qualquer problema ou tratá-lo apenas superficialmente, procurando manter uma aparência de sociabilidade.

O uso mais ou menos intenso de técnicas como a acomodação para resolver o conflito depende muito de questões culturais. Os americanos, por exemplo, defendem sempre a confrontação, porém, na prática, utilizam intensamente a acomodação. Já a cultura chinesa vem apresentando, há mais tempo do que as culturas americana e europeia (de um modo geral), atitudes que confrontam o conflito. Devido ao fato de terem postura muito coletivista e de terem apenas pequena necessidade de evitar a incerteza, os chineses dão maior importância à harmonia, reduzindo as manifestações abertas de desacordo em relação a outras pessoas ou situações.

Uma maior sensibilidade para buscar a manutenção da harmonia no ambiente, através da acomodação, pode em muitos casos funcionar melhor do que partir para a realização do confronto de maneira irreversível.

(2) Dominação

Já a dominação pode ser considerada o exercício do poder levado ao extremo. Em algumas sociedades, a aceitação do poder é algo mais aberto, não existindo grandes restrições a que se utilize o mesmo de maneira muito intensa e, às vezes, até radical. Porém, em outras culturas, o poder levado ao extremo pode causar grandes insatisfações, atritos e restrições por parte dos oprimidos no processo.

Na verdade, na dominação, uma parte impõe sua solução preferida, pois tem o poder de fazer e de escolher para exercitar esse poder. A dominação tem, muitas vezes, a condição de resolver de uma forma muito rápida e decisiva o problema, através da utilização do poder de uma maneira muito intensa (às vezes, até exacerbada).

Pode-se dizer que, se um defeito da acomodação é o fato de o problema ser ignorado, podendo piorar, um defeito da dominação é que a pessoa que é dominada pode não conseguir obter nada e ressentir-se. A resolução do conflito pode ter sido rápida, porém muito insatisfatória. Além disso, a derrota pode ser interpretada como uma humilhação, e a futura cooperação entre as partes envolvidas pode ser ameaçada.

(3) Compromisso

O compromisso, por sua vez, significa que cada parte desiste um pouco daquilo que procurava; assim, cada uma cede um pouco a fim de resolver o conflito. O compromisso pode resultar em soluções que satisfaçam, pelo menos em parte, o interesse original por trás do conflito, de maneira que permita, ao menos, tratar de outros assuntos.

Muitos autores contemporâneos não respeitam e até mesmo não aceitam o compromisso como técnica de resolução de conflitos e negociação, por não satisfazer totalmente a ambas as partes envolvidas. Na verdade, o compromisso tende a não ser muito utilizado, pois falha ao servir apenas parcialmente a cada uma das partes.

(4) Solução integrativa de problemas

Já a solução integrativa de problemas é mais favorável, pois oferece a esperança de satisfazer completamente a ambas as partes. O método integrativo de solução de conflitos, na verdade, tem suas origens nas ideias de Mary Follett, expressadas já na década de 1920, que consideraram a solução integrativa como a preferida para solucionar situações de conflito.

Esse método não envolve barganha de posições, em que um cede para conseguir algo do outro, nem possui tentativas de imposição de algo de uma pessoa sobre a outra, nem comprometimentos indesejados, mas que não possam ser evitados. Em vez disso, a solução integrativa de problemas busca encontrar a solução que serve completamente aos interesses de cada uma das partes envolvidas.

Uma série de exemplos típicos de solução integrativa de conflitos poderia ser citada. Um dos mais tradicionais refere-se à situação em que duas pessoas, em uma sala de biblioteca, discutem sobre manter uma janela aberta ou fechada. Finalmente, decidem abrir a janela ao lado, e não a janela na sua frente, como tinha sido feito de início. Na verdade, conseguiram uma solução integrativa, visto que aquele que não queria a janela aberta não a queria assim, pois não desejava vento sobre ele, ao passo que o outro que queria abrir a janela, no fundo, queria apenas mais ar na sala, e não necessariamente a janela a sua frente aberta. Com isso, conseguem uma solução integradora, que atende aos interesses de ambos.

A solução integrativa do problema, ou abordagem colaborativa para o conflito, contrasta frontalmente com a abordagem da barganha. Na barganha, as partes estabelecem suas posições, algumas vezes inclusive deturpando-as, ou fortalecem seus pressupostos, detendo informações e fazendo ameaças. O assunto acaba sendo tratado como uma situação de ganhar ou perder.

Porém, a eficácia da solução do problema depende da troca sincera de informações precisas. Ela requer uma redefinição flexível e criativa dos assuntos, além de extrema confiança. As partes devem, necessariamente, confiar que a informação precisa e flexível não será, de forma alguma, utilizada para barganhar vantagem. Esse tipo de colaboração está alicerçado na ideia de que o processo pode e deve ter dois ganhadores, e não um perdedor e um vencedor. Ou seja, trata-se da ideia de buscar obter uma negociação do tipo "ganha-ganha" para o conflito.

> ### VOCÊ SABIA?
>
> O método da solução integrativa de problemas envolve três passos:
>
> 1º Passo: Identificar as considerações básicas ou subjacentes a ambas as partes envolvidas.
>
> 2º Passo: Procurar alternativas e identificar suas consequências para ambas as partes.
>
> 3º Passo: Identificar a alternativa mais favorável.
>
> **Fonte:** HAMPTON, 1991.

Dentro dessa visão, tende-se a dizer que o conflito pode ser classificado em duas dimensões: uma distributiva, na qual se dividem os resultados entre os envolvidos, e outra integrativa, na qual se procura obter o melhor para as duas partes envolvidas.

Pessoa (2009) aborda esse assunto ao caracterizar as negociações. Segundo o autor, negociações distributivas são aquelas pautadas em um relacionamento competitivo, em torno de uma questão divisível em que se nota claramente a oposição de interesses culminando em resultado de soma zero: caso um ganhe, o outro perderá. Já as negociações integrativas estão pautadas em um relacionamento cooperativo, em torno de questões que têm graus de importância diferentes para as partes, possibilitando ganhos mútuos.

Ainda tratando da administração dos conflitos, é pertinente citar Pinzón e Valéro-Silva (1996), que apresentam quatro maneiras de lidar com a outra parte quando um indivíduo está em conflito:

- Confronto direto, podendo acontecer com ou sem um diálogo anterior. Neste caso, provavelmente, o mais forte irá atingir seus objetivos em detrimento do outro.
- Abandonar todos os seus objetivos, cedendo às decisões da outra parte.
- Negociar com o outro lado, buscando atingir seus interesses, porém fazendo certas concessões para que os interesses da outra parte também sejam satisfeitos.
- Buscar ou aceitar a intervenção de uma terceira parte, que pode ter autonomia para impor uma solução no sentido de auxiliar as partes a chegarem a um acordo. Esta alternativa se subdivide em duas: a mediação, na qual a terceira parte apenas ajuda os lados a chegarem a um acordo; e a arbitragem (ou adjudicação), em que a terceira parte efetivamente tem autonomia para impor uma solução.

Evidentemente, os envolvidos no conflito podem usar uma combinação das alternativas apresentadas no sentido de solucioná-lo.

2.8 AÇÕES E RESULTADOS CONFORME TIPO E INTENSIDADE DO CONFLITO

Ao se tratar de como enfrentar situações de conflito, em seção anterior, foram abordados o autor Sparks (1992) e sua classificação do conflito com base em sua solubilidade: conflito terminal, conflito paradoxal e conflito litigioso.

Nesta seção, serão apresentadas ações e resultados conforme cada um desses conflitos.

2.8.1 CONFLITO TERMINAL

Sparks (1992, p. 100) explica que "os conflitos terminais que envolvem um ponto de alta importância geram ações de 'ganha-perde' de uma ou ambas as partes". Isso ocorre porque uma das partes:

- Considera a sua posição como a "louvável", sendo mais problemático quando um dos lados acredita que sua posição é a única, perdendo a objetividade.
- Ataca ou contra-ataca a outra parte, desvalorizando a sua posição, gerando questionamentos sobre sua validade. Esse comportamento é seguido pela demonstração de sua inferioridade em relação à própria posição, tendendo a piorar o conflito.
- Desenvolve um "estereótipo negativo da outra parte", irritando-a. É comum acabar com o respeito e a confiança na outra parte.

O autor continua dizendo que, nesse tipo de conflito, a capacidade do negociador de pensar com clareza sobre o conflito e de compreendê-lo é alterada, sendo bem complicado manter a objetividade e a perspectiva. São diminuídos os pontos em comum entre as partes e destacadas as diferenças. O foco passa a ser o ganho sobre o outro.

O resultado de um conflito terminal é o resultado "ganha-perde", em que um lado atende seus interesses ("ganhando"), enquanto a outra tem seus interesses não atendidos ("perdendo" a disputa). Sparks (1992), contudo, destaca que ambas tendem a sair frustradas, pois as parcerias e o relacionamento a longo prazo passam a ser improváveis no futuro.

ATENÇÃO

O resultado "ganha-perde" tem três resultados possíveis, conforme Sparks (1992, p. 101):

1. Enraízam-se os sentimentos competitivos e as atitudes mútuas de desconfiança.
2. Fica bloqueada a percepção de que os oferecimentos de ambas as partes são bem-intencionados.
3. São produzidos e reforçados o antagonismo, a hostilidade e a desconfiança.

Ainda sobre o conflito terminal, Sparks (1992) reforça que não se deve usar mecanismos de acaso na busca pela solução, "como o de sortear com uma moeda", e também alerta que não se devem usar mecanismos de continuação para prorrogar a decisão, como "agora não, mais tarde". Essas ações podem aumentar a complexidade da decisão, inserindo dificuldades adicionais no processo.

2.8.2 CONFLITO PARADOXAL

Ao abordar o conflito paradoxal, Sparks (1992, p. 102) esclarece que a melhor maneira de se lidar com a questão conflituosa é o que ele chama de método de "pôr de lado", que, segundo o autor, é um método poderoso para levar as questões de uma agenda a posições mais favoráveis, até mesmo as informais.

Trata-se de uma reorganização na ordem das questões que serão discutidas. A questão fica de lado apenas temporariamente; é importante que ela seja anotada de modo que ambas as partes possam concordar com a descrição que foi feita como sendo representativa, para que, quando a questão for retomada, não existam dúvidas quanto ao seu conteúdo.

O método de "pôr de lado" é subutilizado pela maioria dos negociadores, mas pode trazer resultados interessantes, pois pode esfriar os ânimos (quando eles estiverem muito exaltados), bem como permite a ambos os lados pensarem melhor no assunto, propiciando que ambos retomem a negociação a partir de suas posições anteriores.

Ao passar para outras questões, ambas as partes isolam temporariamente a questão por meio da neutralidade. Além disso, "pôr de lado" permite que ambas as partes preservem sua independência e definições para mais tarde. Elas podem até concluir que a indiferença mútua é, afinal de contas, o melhor para a questão.

2.8.3 CONFLITO LITIGIOSO

O conflito litigioso, de acordo com Sparks (1992, p. 102), "envolve um ponto ou questão de grande importância e fomenta ações 'ganha-ganha' de uma ou ambas as partes". Assim, durante a interação, ocorrem:

- A sensação de otimismo por si e pela outra parte, com a presença de compreensão, respeito e colaboração (mesmo assim, ainda se fazem presentes impulsos competitivos).
- O esclarecimento da questão em conflito por meio da definição, destacando a "solução da questão baseada nos méritos da posição de cada parte", evitando-se a acomodação.
- A checagem dos fatos e a concordância quanto a eles, desenvolvendo uma escalada de possíveis acordos (não aparece a abordagem do tipo "ou uma resposta ou um beco sem saída").
- O possível acordo é alcançado pelas partes, apesar de contestações recíprocas, sendo aceitável e prático.

ATENÇÃO

O resultado "ganha-ganha" tem três possíveis resultados, conforme explica Sparks (1992, p. 103):

1. Compromisso com um acordo de perfeição autêntica, alcançado por meio de esforço mútuo.
2. Estabelecimento de uma base para trabalhar em conjunto no futuro.
3. Reforço da confiança de uma parte na outra.

Abordando o conflito litigioso, Sparks (1992) esclarece que, quando há menor intensidade nesse tipo de conflito, poderá ocorrer permuta ou privação. A permuta acontece quando se divide a diferença entre as posições, evitando um empate forçado. E a privação acontece quando se opta por "abrir mão" de parte dos próprios recursos, de maneira mais ou menos proporcional ao que foi cedido pelo outro lado. O autor reforça que "é preferível uma perda parcial", pois "não se chegar a um acordo seria uma perda total". Ainda tratando da privação, o autor destaca que as partes mudam de opinião e passam a aceitar posições, antes inaceitáveis, pois continuar no debate trará mais prejuízos do que tomar uma decisão.

Sparks (1992, p. 103) conclui dizendo que "o resultado de uma permuta é um acordo aceitável, mas não necessariamente o melhor. É aliviada a tensão que existia, mas a harmonia mantida pode ser apenas superficial. Uma ou ambas as partes pode(m) ter ficado descontente(s) e descomprometida(s)".

2.9 SITUAÇÕES DE CONFLITO NAS ORGANIZAÇÕES

As organizações são fontes inevitáveis de conflitos. Segundo Jandt (1985, p. 29), "**organizar é introduzir fontes de conflito**". O dicionário *Random House* define: "to form as or into a whole consisting of interdependent or coordinated parts". Nota-se, aqui, a preocupação com o todo, bem como com as partes que o compõem e com seu relacionamento; trata-se, portanto, da visão sistêmica. As partes tanto podem ser interdependentes como coordenadas, mas a tendência é que cada uma delas se veja como mais importante do que as demais.

Cada unidade, departamento ou divisão de uma organização vai desenvolver objetivos, metas, valores e procedimentos apropriados a sua missão. Evidentemente, começa a haver algum atrito entre esses objetivos e procedimentos, que podem muitas vezes ser conflitantes pois, embora fazendo parte de um todo, cada área da empresa busca, num primeiro momento, atender a seus objetivos básicos, que em certos casos se chocam com objetivos de outras áreas.

Cada pessoa na organização tende a se identificar com a menor unidade de trabalho dentro da organização. Com isso, podem-se aplicar os padrões da própria unidade do trabalho para as demais unidades da empresa, o que nem sempre é válido. Isso tende a criar conflitos de uma maneira quase inevitável.

Evidentemente, quanto maior a organização, maior a tendência de existirem conflitos. Quanto mais ela se expande, maior será a tendência de surgirem divisões e subdivisões dentro da empresa e, com isso, cresce a possibilidade de surgirem conflitos.

Entretanto, em certas situações, o conflito é inerente à função. Policiais, por exemplo, não podem desempenhar sua tarefa sem estar em conflito com os transgressores da lei. Advogados defendendo uma causa estão necessariamente em conflito com o outro lado. Em muitas empresas, um auditor interno, ou um *controller*, é requerido para dar exemplos; se não forem encontrados exemplos, o titular da função é visto como não fazendo seu trabalho.

Outra questão importante que leva a conflitos com frequência é a competição por recursos limitados, uma realidade no dia a dia de qualquer empresa, independentemente de seu porte e de sua atividade, visto que os recursos, por mais abundantes que sejam, são finitos.

Quando se pensa em recursos na organização, normalmente vêm à mente os recursos financeiros. Embora sejam de grande importância, há outros recursos de tanta importância quanto o dinheiro na organização e, em relação a eles, as pessoas também tendem a competir, gerando, com isso, conflitos.

2.10 NATUREZA DOS CONFLITOS

Lebel (1984) caracteriza o conflito como "um reconhecimento e um confronto de nossas diferenças; ele constitui uma fonte de enriquecimento mútuo potencial; é uma ocasião de fecundação; é um germe de progresso". Segundo esse autor, não se pode definir um desacordo apenas por uma única dimensão, por isso propõe diversas classificações.

2.10.1 CLASSIFICAÇÃO DE LEBEL

Lebel (1984) propõe três tipos de classificação quanto:

- aos comportamentos;
- aos contrários;
- aos momentos da ação.

Essas classificações não são totalmente independentes uma da outra, havendo uma certa sobreposição.

CAPÍTULO 2 | CONFLITO

Quadro 2.1 Classificação quanto aos comportamentos

A. Falhas conflitantes	São falhas que não existem a não ser na aparência, já que não existe um verdadeiro desacordo latente.
B. Conflitos de opinião	Provêm de divergências de opinião ou de julgamento sobre o objeto do desacordo. Situam-se entre as diferenças de educação, de cultura, de personalidade ou de referenciais. Mudar uma opinião toca em uma parte da personalidade. Trata-se de um conflito difícil de solucionar.
C. Conflitos de interesse	São conflitos que se estabelecem entre duas pessoas perfeitamente em acordo de opinião, mas em desacordo sobre a distribuição. Os conflitos de interesse não são apenas relativos a dinheiro; eles podem ser: financeiros, intelectuais, estéticos e morais.

Quadro 2.2 Classificação quanto aos contrários

A. Conflitos individuais	Opõem pessoas ou pequenos grupos de pessoas uns com os outros. Residem no nível interpessoal e dos conflitos coletivos.
B. Conflitos de igual para igual	São conflitos entre vizinhos, irmãos ou colegas.
C. Conflitos hierárquicos	São conflitos que envolvem chefe e subordinado, pai e filho, fornecedor e cliente.
D. Conflitos raciais	Envolvem diferenciação entre raças por parte dos envolvidos no processo.
E. Conflitos entre as instituições e organizações da sociedade	Envolvem disputas entre diferentes organizações das sociedades nas quais estão inseridas, normalmente por questões de poder ou disputa de mercado.
F. Conflitos neutros ideologicamente	São conflitos em que os adversários não se separam, tendo apenas uma contestação de ordem técnica.
G. Conflitos espontâneos e conflitos voluntários	São resultado de manobras deliberadas.
H. Conflitos de posse	Trata-se daqueles conflitos essencialmente preocupados com a partilha de recursos e conflitos sobre problemas de qualidade de vida (são, de certa forma, uma oposição entre a opinião e os interesses).

Quadro 2.3 Classificação quanto aos momentos da ação

A. Sobre os fatos	Qualquer pessoa percebe os mesmos fatos de maneiras diferentes, pois a observação passa por observadores diferentes.
B. Sobre as causas	Pode-se estar de acordo sobre um fenômeno, mas cada um não lhe dá as mesmas explicações, visto que a interpretação está condicionada pelos sistemas de referência de cada um. As grandes causas para tal são: interesse direto, contexto social, tensões psicológicas e divergências pessoais (intelectuais ou morais).
C. Sobre os obstáculos	São conflitos muito difíceis de identificar, sobretudo se eles contêm partes ocultas de nossas intenções.
D. Sobre os objetivos	A curto prazo, nunca se busca atender aos mesmos objetivos; sempre há diferentes pessoas envolvidas em uma ação, com grandes dificuldades para se encontrar um objetivo comum.
E. Sobre os meios	Pode-se estar de acordo sobre o obstáculo, mas a estratégia ou a tática diferem; pode-se ainda estar em desacordo quanto aos métodos ou sobre as maneiras de aplicação.
F. Sobre os valores	Estabelecem-se diferentes critérios de avaliação (sobre o plano moral, prático ou político).

2.10.2 CLASSIFICAÇÃO DE SPARKS

Sparks (1992, p. 24) apresenta sua classificação de conflitos segundo três diferentes tipos:

1. de recursos;

2. de caminho; e

3. de valor.

Os três tipos, porém, sempre ocorrem em combinação. O negociador deve, então, reconhecer esses diferentes tipos e identificar qual é o dominante na questão que está sendo negociada.

1. Conflito de recursos

O conflito de recursos envolve a falta de recursos disponíveis para satisfazer os objetivos das partes. Assim, caso um lado atinja sua meta, necessariamente o outro lado não atingirá pela limitação de recursos.

Nesse contexto, é possível uma abordagem do tipo "ganha-ganha", aquela em que ambas as partes saem ganhando com a negociação (MARTINELLI; ALMEIDA, 1997, p. 169).

2. Conflito de caminho

No conflito de caminho, o foco da disputa está em algo que deveria ser realizado. Há concordância quanto ao objetivo, mas não quanto à maneira como ele deve ser implementado.

Em administração, é muito comum que isso aconteça quando se tem duas áreas com propostas diferentes para resolver um problema da empresa. Por exemplo, a área comercial da empresa busca um preço melhor para poder aumentar as vendas da empresa e, assim, valorizar sua área. Já a área financeira provavelmente irá buscar um preço melhor para ampliar a rentabilidade da empresa. Deve-se considerar, porém, que a primeira alternativa irá, fatalmente, reduzir a margem de contribuição dos produtos, mesmo que venha a aumentar a rentabilidade total da empresa; por outro lado, a segunda alternativa inevitavelmente forçará uma queda nas vendas, a despeito de, talvez, ampliar a lucratividade total da empresa. São dois caminhos possíveis, sendo muito difícil avaliar, *a priori*, qual deles seria melhor para a empresa. Depende, evidentemente, da situação existente no momento, das prioridades e dos objetivos da empresa e, antes de mais nada, trata-se de uma questão de negociação.

Visando reduzir o conflito de caminho, Sparks (1992) alerta para evitar a perda de confiança de uma parte na outra, aparecendo novamente a possibilidade de uma abordagem "ganha-ganha" para tratar da questão.

3. Conflito de valor

O conflito de valor, na visão de Sparks (1992), é o mais difícil de enfrentar e deve ser prontamente identificado para que a negociação não seja prolongada. São questões que têm certo valor para um dos lados, contudo não estão diretamente relacionadas ao foco central da negociação. O conflito está mais relacionado com sentimentos do que com fatos, isto é, qual o valor atribuído por uma das partes à solicitação exigida para que se conclua a negociação.

2.11 UMA VISÃO DIFERENTE[1] SOBRE CONFLITOS

O autor Weeks (1992, p. 3) apresenta uma outra visão de conflito, "diferente das noções depressivas como uma prolongada batalha ou colisão, ou a oposição de impulsos, desejos ou tendências". Embora também seja possível encontrar conceituações menos dramáticas, tais como "uma controvérsia" ou "um desacordo", muitas definições de conflito nos levam a associações sombrias e amedrontadoras.

---

[1] Na primeira edição desta obra, usou-se a expressão "uma *nova visão* sobre conflitos", pois era inovador na época tratar do conflito dessa maneira. Para esta segunda edição, o termo foi alterado para "uma *visão diferente* sobre conflitos". Os autores acreditam que essa deveria ser a visão dos conflitos tanto na vida pessoal como na vida organizacional dos indivíduos. Contudo ainda muitas pessoas associam o conflito a ocorrências negativas, por isso o termo "diferente". Nessa visão, as pessoas envolvidas no conflito devem buscar o debate, as soluções criativas e os pontos positivos passíveis de serem extraídos dessa situação.

NEGOCIAÇÃO E SOLUÇÃO DE CONFLITOS

Buscando difundir sua visão e comprovar o primeiro pensamento humano ao se tratar do tema conflitos, Weeks, em seus seminários (*workshops*) sobre resolução de conflitos pelo mundo, perguntava aos participantes quais os primeiros pensamentos que lhes vinham à mente ao escutarem o termo "conflito". As palavras mais frequentemente associadas eram:

- combate;
- raiva;
- pânico;
- guerra;
- impasse;
- destruição;
- temor;
- erro;
- evitar;
- perda;
- controle;
- ódio;
- prejuízo;
- ruim;
- feito errado.

Pelas citações, vê-se que o conflito estava associado na mente das pessoas a ocorrências negativas. No decorrer da história, o ser humano aprendeu diversos caminhos ineficazes para perceber e lidar com o conflito. Quando se pensa em conflito, imediatamente vêm à mente pessoas mortas, aprisionadas, exiladas, segregadas ou isoladas, simplesmente porque elas diferem de outras pessoas, seja em questões simples ou amplas.

Há muitos exemplos típicos, tanto nos negócios como na vida em família e na sociedade, de como o conflito é mal interpretado e como a visão negativa sobre ele obstrui a habilidade de resolver efetivamente as diferenças. Na verdade, quando analisado externamente, o conflito tende a ser sempre visto como algo muito simples e de resolução evidente; porém, quem está envolvido nele sente outras dificuldades, barreiras e bloqueios, muitas vezes imperceptíveis para quem está do lado de fora.

Quando se teme o conflito ou quando ele é visto como uma experiência negativa, reduzem-se as chances de lidar com ele efetivamente. **Na verdade, o conflito não é nem positivo nem negativo em si mesmo.** O conflito é resultado da diversidade que caracteriza os pensamentos, atitudes, crenças, percepções, bem como o sistema e a estrutura social. É parte da existência e evolução do ser humano. Cada um tem influência e poder sobre o fato de o conflito tornar-se negativo ou não, e essa influência e poder encontram-se sobre a maneira como se lida com o conflito.

> ## VOCÊ SABIA?
>
> - Muitos conflitos podem servir como oportunidades para crescimento mútuo quando se desenvolvem e utilizam habilidades de resolução de conflitos positivas e construtivas. Intrinsecamente, o conflito pode servir como um dos motores do desenvolvimento pessoal e da evolução social, gerando oportunidades para aprender a partir dele e para se adaptar às diferenças e diversidades que são naturais e que caracterizam a sociedade. O conflito pode trazer alternativas abertas de pensamento e comportamento. Ele pode, também, levar a administrar a vida de maneira que se utilizem as diferenças individuais para benefício e crescimento mútuos.

2.12 PERCEPÇÕES EQUIVOCADAS SOBRE CONFLITO

Um dos primeiros passos para se tornar mais efetivo na resolução de conflitos é identificar o potencial positivo que existe em cada situação de discórdia. Para isso, deve-se mudar a maneira de interpretar um conflito.

A primeira percepção que precisa mudar é no sentido de entender o conflito como uma quebra da ordem, uma experiência negativa, um erro ou uma falha no relacionamento. O que se deve é entender que o conflito realmente é o resultado da diversidade, que pode ser utilizado para esclarecer um relacionamento, para proporcionar maneiras adicionais de pensar, bem como opções para ação que podem ser consideradas, além de abrir possibilidades para melhorar o relacionamento. Perceber o conflito dessa maneira encoraja um comportamento construtivo, enquanto enxergá-la sempre como uma experiência negativa incentiva a evitar lidar com o conflito, ou travar uma "batalha" com o "adversário", que pode causar essa experiência para oprimir os envolvidos.

A segunda percepção a ser alterada é aquela que se refere a sempre achar que o conflito é uma batalha entre interesses e desejos competitivos e incompatíveis. Pensar dessa forma leva a concluir que a outra parte está tentando bloquear a tentativa de atingir aquilo que se pretende. Com isso, frequentemente, tenta-se bloqueá-lo também em suas tentativas, sendo que ambas as partes passam a se posicionar de maneira cada vez mais inflexível para buscar os seus desejos, ignorando a existência de necessidades e objetivos que as duas partes poderiam eventualmente partilhar.

A terceira percepção, segundo Weeks (1992, p. 9), é também bastante comum. Muitas pessoas veem um conflito particular definindo todo seu relacionamento com a outra parte. Ou seja, elas admitem que esse conflito se torna tão dominante que todo o relacionamento de longo prazo acaba sendo ignorado. Uma percepção efetiva mais extrema de conflito diz que ele é parte de um relacionamento complexo e proveitoso. Um conflito frequentemente marca o relacionamento de longo prazo, trazendo à tona algo que deve ser dirigido. Se esse conflito for bem administrado, ele pode inclusive contribuir para esclarecer e melhorar o relacionamento.

A quarta percepção em necessidade de transformação é que um conflito normalmente envolve um empenho entre valores absolutos, tais como certo ou errado e bem ou mal. Porém, muitas vezes, em vez de se tentar estabelecer um rótulo de bom ou mau, certo ou errado (ou seja, lidar-se apenas com diferenças absolutas), deve-se explorar a possibilidade de que um conflito particular possa estar acima tanto de preferências subjetivas quanto de valores, considerando-se que existem outros aspectos do relacionamento que se pode construir de maneira positiva.

Quando se busca resolver um conflito de forma efetiva e sustentável no futuro, deve-se considerar o enfoque da parceria no conflito, conforme exposto por Weeks (1992). A maneira como um conflito particular é percebido e resolvido deve levar em consideração o futuro do relacionamento. Não se deve buscar ganhar na negociação ou levar vantagem sobre a outra parte. Porém, como afirma Weeks, a maior parte dos livros sobre negociação, mesmo aqueles que procuram encarar uma negociação buscando levá-la para o tipo "ganha-ganha", dá pouca ênfase à melhora do relacionamento no futuro.

O enfoque da parceria no conflito trabalha tanto o conflito imediato quanto o relacionamento em geral. Ele desenvolve habilidades que não são apenas habilidades de resolução de conflitos, mas também habilidades para construção de um relacionamento. Esse enfoque proporciona o poder para alcançar o que normalmente se chama de alto nível de resolução de conflitos.

O alto nível de resolução de conflitos é obtido, segundo Weeks, quando as partes envolvidas chegam a uma solução que atenda a algumas necessidades individuais e compartilhadas, resulte em benefícios mútuos e estreite o relacionamento. Isto é, pelo menos, o que a parceria no conflito deveria proporcionar. Já o nível médio de resolução é alcançado quando as partes chegam a acordos aceitáveis mutuamente, que estabelecem um conflito particular para a existência do tempo, porém fazem muito pouco para melhorar o relacionamento além de interesses imediatos. Negociações tradicionais, mediações e padrões de arbitragem tendem a atingir esse nível médio de resolução de conflitos. Por seu lado, o baixo nível de resolução de conflitos é alcançado quando uma das partes se submete às exigências da outra, ou quando o relacionamento é desfeito com prejuízos mútuos.

Quando as pessoas tentam aperfeiçoar suas habilidades de resolução de conflitos, uma das mais importantes tarefas é se voltar internamente para obter melhor compreensão das suas próprias tendências, padrões e crenças. Agindo assim, as pessoas podem se focar em habilidades particulares que eles precisam trabalhar, assim como aprendem a reposicionar seus enfoques ineficazes com comportamentos de resolução de conflitos aperfeiçoados.

2.13 RESOLUÇÃO DOS CONFLITOS

Weeks (1992, p. 16) cita cinco enfoques de resolução de conflito muito populares, porém ineficazes: (1) enfoque da conquista, (2) enfoque de se esquivar, (3) enfoque da barganha, (4) enfoque *band-aid* (ou de solução rápida) e (5) enfoque do *role-player*.

CAPÍTULO 2 | CONFLITO

O mesmo autor, após abordar os cinco enfoques, propõe passos para uma solução efetiva do conflito.

2.13.1 ENFOQUES DE RESOLUÇÃO DE CONFLITO

(1) Enfoque da conquista

Nesse enfoque se busca a vitória, derrotar o oponente, verificar quão certo se está e quão errado está o oponente. O conflito torna-se uma batalha a ser vencida, um esforço para levar vantagem ou ter domínio no relacionamento.

O enfoque da conquista apresenta diversas desvantagens, tais como:

- Fato de o poder ser entendido e usado de uma maneira destrutiva.
- Uso do poder de uma forma coerciva e de dominação pode levar a vantagens no resultado final.
- Polariza posições e restringe opções para a resolução do conflito, levando sempre a um perdedor.
- Não faz absolutamente nada para melhorar o relacionamento.

(2) Enfoque de se esquivar

Trata-se de um enfoque sedutor e complexo. Tende-se a acreditar que o conflito desaparecerá se se pretende que ele não exista. Um tipo de pessoa que tende a usar esse enfoque é aquele que procura evitar relacionamentos com pessoas que diferem dele em valores, ideias e estilo de vida. Outros evitam o conflito simplesmente buscando ignorá-lo, pelo fato de não sentirem confiança quanto a estarem aptos a lidar com ele.

As desvantagens do enfoque de se esquivar são:

- Tolher importantes oportunidades de crescimento pessoal.
- O fato de não se enfrentarem os problemas efetivamente existentes.
- Frustrações são normalmente exacerbadas e as percepções equivocadas não são esclarecidas.
- Retirar das partes envolvidas no conflito a oportunidade de utilizar suas diferenças para purificar o relacionamento e para abrir suas mentes para a possibilidade de melhoria no relacionamento.

(3) Enfoque da barganha

Este enfoque trata a resolução de conflito como um jogo no qual há muitas demandas e interesses a serem tratados e o sucesso é definido em função de quanto cada parte concede. Apesar de muito utilizada em acordos de divórcio, de problemas com a força de trabalho, em conflitos organizacionais ou em relações internacionais, uma resolução de conflito efetiva e sustentada não é assegurada por esse enfoque, pois as partes envolvem ajustes (nem sempre adequados).

Este enfoque tem como desvantagens:

- Se ater apenas às demandas da outra parte, ignorando necessidades, percepções, valores, objetivos e sentimentos das pessoas envolvidas.
- Definir o poder em termos daquilo que uma parte pode usar como coerção para fazer a outra parte desistir.
- Levar, frequentemente, a conflitos de *spin-off*, dado que cada parte busca levar vantagem e continua a fazer pedidos absurdos.
- Ocultar frequentemente o valor relativo de necessidades e interesses envolvidos no conflito.

(4) Enfoque da solução rápida

Este enfoque da solução rápida, também conhecido como *"band-aid"*, raramente consegue ser efetivo. Tem esse nome popular tendo em vista que, assim como um curativo, propõe sanar o problema rapidamente. Dessa forma, muitas pessoas, por se sentirem muito desconfortáveis com o conflito, buscam aceitar qualquer solução.

Como pontos negativos desse enfoque, tem-se:

- Cria normalmente a ilusão de que os problemas principais do conflito foram resolvidos, resultando em uma piora do conflito.
- Produz, normalmente, falta de confiança na resolução do conflito.
- Premia temporariamente aquele que busca um acordo rápido (independentemente de sua efetividade).
- Não enriquece ambas as partes envolvidas no processo, na medida em que elas não desenvolvem um processo que possa ser efetivamente usado em conflitos futuros.

(5) Enfoque do *role-player*

Quando as pessoas lidam com conflitos de modo que dependam de papéis para determinar o resultado, elas podem estar entrando em uma armadilha. Em um conflito, quando as pessoas agem apenas de acordo com seus papéis, as que têm papéis de menor *status* ou poder estarão francamente em desvantagem. Embora existam muitas situações nas quais as pessoas devem tomar decisões e lidar com questões utilizando as responsabilidades do papel, não é muito comum que se escondam atrás de seus papéis para lidar com conflitos.

Como desvantagens do enfoque do *role-player*, pode-se citar:

- Pode perpetuar um relacionamento ou sistema insatisfatório, bem como bloquear mudanças necessárias.
- Limita o processo de resolução de conflitos ao perder as contribuições valiosas de pessoas em papéis de menor poder social.
- Restringe tremendamente as opções para resolução do conflito.
- Pode criar um relacionamento de inimizade que prejudicaria as possibilidades positivas para ambas as partes no futuro.

2.13.2 PASSOS PARA A RESOLUÇÃO DE CONFLITOS

Ainda abordando a resolução de conflitos, Weeks (1992, p. 10) apresenta oito passos que considera essenciais para sua resolução:

1. Criar uma atmosfera efetiva.
2. Esclarecer as percepções.
3. Focalizar-se em necessidades individuais e compartilhadas.
4. Construir um poder positivo compartilhado.
5. Olhar para o futuro e, em seguida, aprender com o passado.
6. Gerar opções.
7. Desenvolver "degraus": as "pedras dos passos" para a ação.
8. Estabelecer acordos de benefícios mútuos.

Ao abordar esse assunto, Sparks (1992, p. 24) destaca que, quanto maior o tempo que um conflito persiste, "maior será a probabilidade de uma escalada de sua importância", e que conflitos não resolvidos atrapalham os futuros conflitos, que são intensificados. O autor continua alertando que é mais interessante buscar resolver as questões em conflito por meio de acordo mútuo, pois ao ficar algo para ser decidido posteriormente, poderá surgir "no pior momento possível".

2.14 NEGOCIAÇÃO NOS CONFLITOS

Ao se negociar com base em um conflito anterior, deve-se aplicar os mesmos estágios, habilidades e estratégias normalmente usados em outras negociações. Porém algumas coisas são mais difíceis: por exemplo, buscar um enfoque de solução de problemas – a necessidade de vencer pode ser aquilo que fala mais alto em sua mente. Também pode ser difícil ter um enfoque racional sobre aquilo que a outra pessoa envolvida pode pretender. Os enfoques que levam a negociar uma solução aceitável são os mais difíceis de serem atingidos, mas ao mesmo tempo são os mais vitais, a partir do momento em que se está efetivamente envolvido no conflito. Estando consciente daqueles aspectos considerados mais difíceis, tem-se condições de se resolver os possíveis sentimentos antagônicos das outras pessoas envolvidas.

Para se negociar em situações de conflito, Hodgson (1996, p. 216) apresenta seis aspectos positivos a serem considerados:

- Buscar um enfoque de solução de problemas. Deve ser lembrado que se for possível para a outra parte obter aquilo que pretende, ficará mais fácil obter aquilo que se deseja.
- Saber ouvir. Este é um ponto muito importante, pois saber ouvir aquilo que o outro tem a dizer pode ser muito difícil, visto que se tende a ficar pensando naquilo que se pretende dizer.
- Formular questões. É outro aspecto muito importante para conhecer um pouco mais sobre os pontos de vista ou propostas dos outros lados envolvidos. Fazer

questões é muito importante para esclarecer algumas questões e testar a própria compreensão.

- Manter a mente sempre aberta. Buscar novas opções tanto para si próprio quanto para o outro lado envolvido pode ser muito importante no desenrolar da negociação.
- Lembrar que os movimentos são a única maneira de se estabelecer progressos também é outro fator fundamental que pode levar a encontrar caminhos tanto para se mover em direção ao outro lado, como para fazer com que o outro lado se mova em sua direção.
- Isolar o problema das pessoas envolvidas. Concentrar-se em negociar uma solução e esquecer-se da personalidade das pessoas envolvidas na negociação também pode ser questão de fundamental importância.

Porém, nas negociações em geral, muitas vezes, é difícil vencer a intransigência do outro lado envolvido na negociação e ainda encontrar um enfoque racional para a solução dos problemas. Kohlrieser (2013) aponta que o foco deve ser a capacidade de negociar respeitosamente em direção a metas comuns e benefícios mútuos.

A emoção do ambiente, frequentemente, é responsável por criar uma nova perspectiva para a solução do problema, em função da importância da questão, das pessoas envolvidas, das atitudes tomadas, enfim, da decisão tomada para a solução do conflito.

2.15 MEDIAÇÃO E ARBITRAGEM NA SOLUÇÃO DOS CONFLITOS

Em muitas situações de conflito, é útil contar com a participação de uma terceira pessoa para auxiliar no encaminhamento da solução. Essa terceira parte que vem a se envolver na negociação deve ser alguém que não esteja diretamente envolvido na situação, mas que possa ser útil para resolvê-la. Ela deve ser imparcial, podendo ser um amigo em comum, nos casos de negociações mais simples, ou uma pessoa absolutamente neutra, que ambas as partes conheçam e que venha a auxiliar no processo, ou pode ser ainda um profissional habilitado para exercer esse tipo de atividade, que esteja habituado a essas situações e que as tenha como sua atividade profissional. Em países como os Estados Unidos, é mais comum contar-se com pessoas que exercem esse tipo de atividade profissionalmente, sendo inclusive credenciadas para esse fim.

Os principais tipos de utilização de uma terceira pessoa para a solução de conflitos são mediação (intervenção pacífica de acerto de conflitos para produzir um acordo, sendo a solução sugerida, e não imposta às partes interessadas) e arbitragem (processo de julgamento com veredito de um árbitro a partir das necessidades das partes).

Contudo, o mesmo autor pontua que há desvantagens que devem ser mencionadas, como: o fato de que as partes potencialmente se enfraquecem ao chamar uma terceira pessoa, deixando uma imagem de certa incapacidade para resolver o conflito e também uma inevitável perda de controle do processo ou dos resultados (ou de ambos), dependendo de que tipo de pessoa é chamada para ser a terceira parte.

ATENÇÃO

As principais vantagens de contar com uma terceira parte para solucionar o conflito são, segundo Lewicki *et al.* (1996, p. 180):

- As partes ganham tempo para se acalmar, já que elas interrompem o conflito e o descrevem para uma terceira parte.
- A comunicação pode ser melhorada, visto que a terceira parte interfere na comunicação, ajuda as pessoas a serem claras, além de trabalhar para que os envolvidos ouçam melhor a outra parte.
- Frequentemente, as partes devem determinar quais questões realmente são importantes, visto que a terceira parte pode pedir para priorizar alguns aspectos.
- O clima organizacional pode ser melhorado, visto que as partes podem descarregar a raiva e a hostilidade, retornando a um nível de civilidade e confiança.
- As partes podem procurar melhorar o relacionamento, principalmente se essa tarefa for facilitada por uma terceira pessoa.
- A estrutura de tempo para resolver a disputa pode ser estabelecida e revista.
- Os custos crescentes de permanecer no conflito podem ser controlados, principalmente se continuar na disputa estiver custando às pessoas dinheiro ou oportunidades.
- Acompanhando e participando do processo, as partes podem aprender como a terceira parte as orienta para, no futuro, serem capazes de resolver suas disputas sem auxílio.
- As resoluções efetivas para a disputa e para o desfecho podem ser atingidas.

Lewicki *et al.* (1996) apresentam quatro tipos de envolvimento de uma terceira parte na disputa, conforme a Figura 2.1.

	Nível de controle da terceira parte sobre o resultado	
	Alto	Baixo
Alto — Nível de controle da terceira parte sobre processo	"Inquisição"	Mediação / Conversas sobre o processo
Baixo	Arbitragem	Negociação

Figura 2.1 Diferentes tipos de envolvimento de uma terceira parte na disputa.

Fonte: Lewicki *et al.* (1996, p. 181).

No caso de negociação sem uma terceira parte, os opositores mantêm controle tanto sobre o processo quanto sobre o resultado. Com a mediação, eles perdem o controle do processo, mas mantêm o controle dos resultados. Já na arbitragem, eles perdem o controle dos resultados, porém mantêm o controle do processo. Já no quarto caso (da "inquisição"), as partes não têm controle nem do processo nem dos resultados e, na verdade, não há negociação.

2.15.1 MEDIAÇÃO

A mediação é baseada em regras e procedimentos preestabelecidos. O objetivo do mediador é ajudar as partes a negociarem de maneira mais efetiva, ele não resolve o problema nem impõe uma solução. Sua função é ajudá-los a buscar o melhor caminho e fazer com que estejam de acordo depois de encontrada a solução. Assim, o mediador tem controle do processo, mas não dos resultados. O maior interesse do mediador é ajudar as partes nas questões de comunicação. Seu objetivo é maximizar a utilização das habilidades das partes, de forma a capacitá-los a negociar da maneira mais efetiva possível.

Na negociação mediada, as partes vêm com uma primeira solução, melhor do que aquela que poderia ser apresentada pelo mediador. Outro aspecto muito importante na negociação mediada é que o relacionamento entre as partes é questão fundamental, e elas buscam desenvolver ao máximo suas habilidades para resolver os problemas no conflito.

Em algumas situações, o gestor poderá atuar como mediador em conflitos envolvendo dois membros de equipe, assim como esclarecem Burbridgde e Burbridgde (2012, p. 131), que destacam que há vantagens na "solução encontrada pelas partes em conflito", pois essa solução "tem muito mais chances de ser sustentável do que uma solução imposta pela chefia", evitando-se custos ocultos e criando um ambiente mais produtivo.

Embora possam existir diversas variações em um processo de mediação, basicamente o esquema geral de funcionamento é o mesmo (LEWICKI *et al.*, 1996). Inicialmente, escolhe-se um mediador. Este pode ser um mediador profissional, fazendo parte de algum centro de mediação especializado nessa atividade, ou pode ser alguém agindo informalmente como mediador, ao mesmo tempo em que desenvolve sua atividade normal.

O mediador tem sempre papel muito ativo no processo. Normalmente, ele inicia o processo fazendo uma reunião com as duas (ou mais) partes envolvidas, visando estabelecer regras gerais segundo as quais o processo de mediação irá ocorrer. A função básica do mediador é fazer com que as partes definam algumas regras de procedimentos e concordem em se ouvir mutuamente e, finalmente, levar as partes a uma solução negociada entre elas. É importante destacar que o mediador não deve resolver a disputa, mas fazer com que as partes cheguem à melhor solução por sua própria conta.

O mediador procura, durante sua atividade, ouvir as duas partes, isoladamente ou em conjunto, tentando entender as questões que são colocadas por ambas as partes e identificar interesses, prioridades e desejos das partes, de forma a tentar levar o conflito para uma solução colaborativa ou de compromisso. O mediador procura, então, juntar as partes, tentando levá-las a explorar as soluções possíveis.

A fase final do processo de mediação é o acordo, que pode se tornar público, através de uma declaração, normalmente feita por escrito e que pode ser assinada pelas partes. Muitos mediadores buscam que esse acordo seja feito por escrito, para que fiquem claramente definidas as funções e responsabilidades de cada parte após o acordo, obtendo um comprometimento efetivo entre eles.

A duração de um processo de mediação é muito variável, em razão da natureza e do grau de dificuldade associados ao conflito. Durante o processo, o mediador, além de facilitar a própria negociação em si, pode auxiliar as partes envolvidas em suas concessões, nos acordos e desacordos que surgem no processo, e assim por diante. Dessa forma, é difícil estabelecer um período para a mediação, podendo estender-se muito além daquilo que seria previsível ou encerrar-se muito antes do que se poderia esperar.

A mediação pode ser útil em várias situações de conflito, como em relações de trabalho, em negociações contratuais, em pequenas exigências, em divórcios, em disputas civis ou comunitárias, dentre outras. Sua utilização tem sido cada vez mais intensa em disputas comunitárias por terras, entre vendedores e clientes, em alocações de moradias estudantis e entre diferentes grupos de estudantes que disputam determinado espaço nas escolas ou nos espaços comunitários.

A mediação pode ser ensinada e explicada de diferentes formas. Ela pode ser ensinada inclusive para crianças em início de idade escolar, mostrando-lhes caminhos para solucionar conflitos em sala de aula ou nas brincadeiras nos horários de intervalo. Evidentemente, a maneira como se explica a mediação para as crianças é muito mais simples do que a forma como se encaminha uma mediação em uma negociação internacional. Porém, os princípios que estão por trás são exatamente os mesmos e aquele aprendizado que as crianças obtêm em sua fase infantil pode e deve ser levado e utilizado por toda sua fase adulta.

Para obter sucesso em uma mediação, alguns fatores são fundamentais. Lewicki *et al.* (1996, p. 187) apresentam os seguintes pontos como indispensáveis para que uma mediação seja bem-sucedida:

- O mediador tem que ser visto pelos envolvidos no conflito como sendo neutro, imparcial e sem vieses.
- O mediador deve ser um *expert* no campo no qual aquela disputa ocorre.
- Tem que haver consciência por parte dos envolvidos de que o fator tempo é fundamental para uma mediação.
- Tem que haver disposição das partes envolvidas em fazer concessões e encontrar uma solução de compromisso.

A mediação tende a ter sucesso entre 60 e 80% dos casos nos quais ela é aplicada, de acordo com as estatísticas (LEWICKI *et al.*, 1996, p. 188). As situações nas quais as chances de sucesso são maiores, conforme Carnevale e Pruitt (1989 *apud* LEWICKI *et al.*, 1996, p. 188), são aquelas nas quais:

- O conflito é de características moderadas.
- O conflito não é excessivamente emocional ou polarizado.
- Há alta motivação de ambas as partes envolvidas.
- As partes estão comprometidas a seguir o processo de mediação.
- Os recursos não estão limitados de maneira muito séria.
- As questões não envolvem conflitos básicos de valores.
- O poder entre as partes é equilibrado.
- A mediação é vista como vantajosa em relação à arbitragem ou à falta de acordo.
- Os envolvidos têm experiência e compreendem o processo de "dar e receber", assim como os custos da não obtenção de um acordo.

Nas mediações bem-sucedidas, os negociadores tendem a comprometer-se com o acordo que é gerado. Dessa forma, a taxa de implementação efetiva dos acordos gerados é bastante alta.

Em algumas situações, porém, a mediação apresenta desvantagens ou tem menos chance de ser bem-sucedida. Assim, pode-se dizer que a mediação é menos efetiva ou apresenta mais dificuldade para ser usada nas seguintes situações:

- Os negociadores são inexperientes e assumem que, se eles simplesmente utilizarem uma linha de ação dura, a outra parte pode simplesmente se entregar.
- Há muitas questões em jogo, e as partes não conseguem entrar num acordo quanto às prioridades.
- As partes estão fortemente comprometidas com suas posições: há muita emoção, paixão e intensidade nos conflitos.
- Uma das partes possui um conflito interno e não está muito segura do que fazer.
- As partes diferem quanto a seus principais valores sociais.
- As partes diferem substancialmente quanto a suas expectativas daquilo que é uma declaração razoável e justa.
- Os pontos de resistência das partes são incompatíveis (o máximo que uma parte pode dar ainda é muito menos do que o mínimo aceitável pela outra parte).

A mediação pode consumir muito mais tempo do que a arbitragem, visto que as partes costumam utilizar um tempo muito longo explicando a disputa para a terceira parte e, depois, participando do processo de busca de uma solução. Além disso, há o risco de a disputa recomeçar em um momento seguinte e continuar, muitas vezes, inclusive, assumindo proporções ainda maiores.

2.15.2 ARBITRAGEM

A arbitragem é considerada a forma mais comum de resolução de disputa por meio de uma terceira parte. Em um processo de arbitragem, cada parte apresenta sua posição para o árbitro, que por sua vez estabelece uma regra ou um conjunto de regras a respeito das questões envolvidas. Os pedidos das partes podem ser aceitos ou não, dependendo das regras do processo. As decisões do árbitro, por sua vez, podem ser voluntárias ou obrigatórias, dependendo das regras e dos compromissos prévios entre as partes.

No seu desenrolar, o árbitro tanto pode optar pela solução proposta por um dos participantes como pode ele mesmo propor uma solução completamente diferente ou, ainda, chegar a um meio-termo entre as propostas dos lados envolvidos. Nos procedimentos formais, que são regidos por lei ou por acordos contratuais, como questões trabalhistas ou acordos empresariais, há normalmente uma posição muito clara e rígida sobre um conjunto de políticas sobre as quais as regras de arbitragem devem apoiar-se.

IMPORTANTE

- Burbridge e Burbridge (2012) esclarecem que no Brasil a lei de arbitragem foi criada em 1996 e as dúvidas quanto à sua constitucionalidade foram resolvidas em 2001 pelo Supremo Tribunal Federal. Assim, os autores explicam que a sentença de arbitragem é definitiva, sem direito à apelação, uma vez que o processo é voluntário. Dessa forma, ninguém é obrigado a assinar um contrato com cláusula arbitral, mas, ao assinar, é obrigado cumprir conforme a lei de arbitragem.

As arbitragens são muito utilizadas em conflitos empresariais, em disputas entre empresas e união de trabalhadores, em relações trabalhistas e em contratos de modo geral (em especial, no setor público).

As principais vantagens da utilização da arbitragem são (LEWICKI *et al.*, 1996, p. 182):

- Torna-se possível uma solução clara para as partes (embora possa não ser a opção principal de uma ou ambas as partes).
- Há a opção de escolher ou não a solução indicada.
- Os árbitros normalmente são escolhidos por serem justos, imparciais e sábios e, dessa forma, a solução vem de uma fonte respeitada e com crédito.
- Os custos de prolongar a disputa são evitados. É interessante destacar que as decisões dos árbitros tendem a ser consistentes com os julgamentos recebidos dos tribunais.

A arbitragem, porém, apresenta algumas desvantagens:

- As partes tendem a abandonar o controle sobre os resultados; assim, a solução proposta pode não ser aquela que se prefere.
- As partes podem não gostar do resultado, que pode, inclusive, impor-lhes custos e sacrifícios adicionais.
- Se a arbitragem é voluntária, as partes podem sair perdendo caso decidam não seguir a recomendação do árbitro.

- Há um efeito de aceitação da decisão que mostra que existe menor comprometimento com soluções arbitradas por dois motivos: as partes não participam no processo de formar os resultados e a declaração recomendada pelo árbitro pode ser inferior àquela que eles prefeririam. E, havendo menor comprometimento com o resultado, automaticamente haverá menor comprometimento com a implementação.
- Há também um efeito que mostra que as partes, ao saberem que há uma longa história de recorrência às arbitragens, tendem a perder o interesse pela negociação, a tornarem-se passivas e a desenvolverem dependência da terceira parte, buscando apenas auxiliá-la na solução do conflito.

Dessa forma, é realmente fundamental que, antes de utilizarem uma terceira parte em um processo de solução de conflito, as partes reflitam bem sobre a conveniência de solicitá-la.

É muito importante que as partes pensem no tipo de conflito existente, nos estilos das pessoas envolvidas, na importância do conflito para elas, no tempo disponível para a negociação, nos custos envolvidos no processo e na disponibilidade de recursos existentes, nos poderes que estão por trás das pessoas envolvidas, no volume e na qualidade das informações disponíveis, além da frequência da utilização de uma terceira parte no processo de solução do conflito.

E, após pesar todos os prós e contras, caso realmente optem pela utilização de uma terceira parte no processo de solução do conflito, é fundamental avaliar também qual será a melhor opção para a utilização dessa terceira pessoa no processo, analisando criteriosamente as vantagens e desvantagens de cada uma das opções de solução por meio de ajuda externa, conforme apresentado ao longo deste capítulo.

RESUMO EXECUTIVO

- Os conflitos são muito frequentes em ambientes organizacionais, tendo em vista a presença de pessoas com diferenças de personalidade, interesses distintos e percepções e diferentes interpretações da informação, além de fatores como a pressão do tempo, as atividades interdependentes constantes no dia a dia, algumas metas diferentes e os diversos recursos que, muitas vezes, precisam ser compartilhados.
- Os conflitos não são negativos em si, dependem da forma como são encarados, podendo ser administrados, momento em que se podem extrair pontos positivos, gerando expansão de entendimento sobre a questão conflituosa, aprendizagem, crescimento pessoal, criatividade na busca por alternativas e maior habilidade para se trabalhar em equipe no futuro.
- Para verificar a possibilidade de reverter o processo extraindo-se pontos positivos do conflito, deve-se observar em que nível de profundidade o conflito está: debate, discussão, façanhas, imagens fixas, "loss of face", estratégias, falta de humanidade, ataques de nervos ou ataques generalizados.

- Uma das melhores formas de se solucionar um conflito é a negociação. Contudo deve-se pontuar que há conflitos em que outras alternativas são usadas, como: luta, guerra, exame, sorteio, competição, votação, uso de autoridade, normas rígidas, entre outras.
- Existem momentos em que o conflito não consegue ser resolvido pelas partes, sendo necessária a presença de uma terceira parte, que pode ser um mediador ou um árbitro. O mediador ajuda as partes a negociar sem impor uma solução, já o árbitro tem o poder de decisão.

ESTILOS DE NEGOCIAÇÃO   3

OBJETIVOS DE APRENDIZAGEM	■ Esclarecer a importância de se compreender os estilos dos negociadores. ■ Apresentar uma classificação de estilos segundo diferentes autores. ■ Discutir táticas básicas usadas na perspectiva de alguns estilos. ■ Explicar sobre a alteração dos estilos. ■ Apresentar os estilos de negociação na realidade brasileira.

3.1 CLASSIFICAÇÃO DOS DIVERSOS ESTILOS DE NEGOCIAÇÃO

Várias são as possibilidades de análise e classificação dos estilos de negociação. Existem muitos esforços e estudos para identificar e descrever esses estilos, cada um com um enfoque e uma visão.

Na verdade, o uso dos estilos de negociação é conveniente para se buscar a resposta para certas questões fundamentais:

> O que é um comportamento efetivo de negociação?
>
> Seria um tipo de comportamento de negociação mais bem-sucedido ou mais efetivo do que outro?

Um entendimento do conceito dos estilos de negociação e de seus limites pode ser útil, tanto em termos conceituais quanto em termos práticos, no que se refere ao desenvolvimento de suas habilidades ou para enfrentar uma situação corrente de negociação.

Sparks (1992), ao tratar da questão, alertou que muitas pessoas negociam com base em um estilo, e não em uma orientação da questão, isto é, focando o problema em negociação. O autor continua explicando que, reconhecendo o estilo da outra parte, os negociadores podem prever as ações. Abordou ainda, que, em geral, os negociadores têm um estilo primário e pelo menos um secundário, sendo mais comum a existência de dois estilos secundários. Assim, a análise dos estilos primário e secundário do oponente em uma negociação torna-se muito importante, inclusive para se enumerar os passos que os negociadores devem considerar quando estiverem lidando com eles.

Pensando dessa forma, a seguir é apresentada uma classificação de diversos estilos de negociação segundo a abordagem de alguns autores que tratam do assunto, visando trazer informações ao leitor que pretende se preparar para lidar com o oponente, compreendendo seu estilo.

Entre as várias abordagens para visualizar os estilos de negociação, foram escolhidas quatro: a abordagem apresentada por Sparks (1992); a abordagem apresentada por Gottschalk (1974 *apud* ROJOT, 1991); a abordagem conhecida como "LIFO", de Atkins e Katcher, apresentada por Bergamini (1990); a abordagem apresentada por Marcondes (1993).

3.2 ABORDAGEM APRESENTADA POR SPARKS

Sparks (1992) apresentou estilos de negociação baseados no modelo de personalidade desenvolvido pelo psiquiatra suíço Carl Jung, em que se dava ênfase aos impulsos que dirigem nossas ações. Esse modelo foi alterado e adaptado para compreender os diversos estilos encontrados nos oponentes. Ao propor o modelo adaptado, Sparks (1992) discutiu as táticas usadas em cada estilo, bem como métodos para se lidar de modo eficiente com cada estilo.

Dessa forma, partiu-se do princípio de que existem quatro estilos primários usados pelo oponente não orientado pela questão, baseado em um conjunto de suposições sobre o oponente. Em geral, dois impulsos agem em conjunto para criar essas suposições. Os impulsos são os seguintes (SPARKS, 1992, p. 155):

- *Controle*: impulso para dominar e governar outros; crença na correção da rivalidade direta e desenfreada.
- *Desconsideração*: impulso para rebaixar outros; crença de que a tolerância passiva e a extrema atenção são da mais alta importância.
- *Deferência*: impulso para deixar outros assumirem o comando; crença de que o desinteresse ou a impaciência têm o mais alto valor.
- *Confiança*: impulso para incluir outros como parceiros no trabalho; crença de que o melhor é a colaboração.

O autor esclarece que essas forças se misturam para produzir os quatro estilos dos negociadores, conforme é apresentado na Figura 3.1. Dessa forma, ao unir os impulsos dá-se origem aos estilos: restritivo, confrontador, amigável e ardiloso (ou evasivo).[1]

---

[1] A tradução do livro de Sparks (1992) apresenta o termo "ardiloso" em um dos estilos. Tal termo foi usado pelos autores deste livro na primeira edição. Ao refletir sobre o conceito da palavra "ardiloso" na língua portuguesa, optou-se por alterar a tradução para "evasivo" nesta edição, pois no original em inglês Sparks usa a palavra *elusive*. Acredita-se que essa tradução tem uma aderência maior ao sentido que se pretende dar ao estilo.

Figura 3.1 Os quatro estilos básicos.
Fonte: Adaptada de Sparks (1992, p. 156).

3.2.1 ESTILOS BÁSICOS

Estilo restritivo

Ao explicar esse estilo, Sparks (1992) esclarece que o controle combina-se com a desconsideração, formando a suposição de que os negociadores só chegam a um acordo se forem forçados. Dessa forma, os oponentes não são cooperativos, pois esperam que as pessoas atuem focadas em seu próprio interesse exclusivamente. Aceitam como único resultado a vitória, levando a negociação como uma "queda de braços" em que há apenas um vencedor.

Estilo evasivo

Nesse estilo, o autor combina a desconsideração com a deferência, supondo que "os negociadores devem ser evitados ou mantidos à distância", pois são fonte de aborrecimentos, contrariedade (SPARKS, 1992, p. 157). Ao explicar esse estilo, o autor enfatiza a ideia de que as pessoas não podem ser influenciadas pelas ações de outros, sendo inútil tentar negociar em termos pessoais, sugerindo focar em procedimentos e regras. O objetivo principal do oponente com o estilo evasivo é "sobreviver à negociação", o objetivo secundário é "manter o *status quo*" e o terciário é "chegar a qualquer resultado".

Estilo amigável

Ao abordar esse estilo, Sparks (1992) combinou a deferência e a confiança, formando a suposição de que os negociadores são cooperativos. O autor usa a expressão que os oponentes de estilo amigável são influenciados pelo bom "espírito esportivo", destacando que o objetivo principal do oponente com estilo amigável "é manter o relacionamento com o negociador", independentemente de ganhar a negociação.

Estilo confrontador

No estilo confrontador, a confiança e o controle se combinam, supondo que os negociadores buscam equilíbrio na negociação. Sparks (1992) esclarece que os negociadores com esse estilo são contestadores, mas cooperam com a outra parte, trabalhando de maneira conjunta para chegarem a um acordo sólido. Para esse oponente, as pessoas irão colaborar, e não obstruir o processo de negociação. Nas palavras do autor (1992, p. 158), o objetivo do oponente de estilo confrontador "é o melhor acordo global nas circunstâncias dadas". Assim, podemos afirmar que oponentes com esse estilo buscam o ganha-ganha como resultado.

IMPORTANTE

Ao comparar os estilos, Sparks (1992, p. 159) traçou as seguintes considerações:

- Os estilos restritivo e confrontador são iniciadores, ao passo que o evasivo e o amigável são, em sua maioria, reativos.
- Os oponentes de estilo restritivo e os de estilo confrontador têm, normalmente, o número mais alto de acordos, contudo alerta que o comprometimento com o acordo de um oponente de estilo restritivo é menor do que o de um oponente de estilo confrontador.
- Os oponentes de estilo restritivo empregam táticas que representam as estratégias de força e intimidação.
- Os compromissos para com o acordo com oponentes de estilo confrontador tendem a ser mais firmes, durar um tempo mais longo e ter as melhores possibilidades de conclusão.
- Os oponentes de estilo evasivo e os de estilo amigável são menos produtivos que os dos outros dois estilos, pois eles se concentram em outras coisas que não a obtenção de acordos. No caso do oponente de estilo evasivo, o foco está na sobrevivência; e no caso do oponente de estilo amigável, na manutenção do relacionamento.
- O acordo feito com oponentes do estilo evasivo leva a um compromisso tênue, e a negociação é entediante.
- O compromisso com o acordo feito com um oponente de estilo amigável é dominado por aspectos sociais, e não pelo mérito da questão. Destaca-se que, em alguns casos, isso pode ser suficiente, mas ainda é menos desejável do que os acordos saídos da disputa e do confronto.

Sparks (1992) explica que cada estilo tem uma aplicação que pode ser compreendida como ótima ou ideal. Assim, o estilo restritivo, por exemplo, quando aplicado em um conflito terminal ou quando altos interesses estão envolvidos, conduz a situação para uma solução. Explica que o estilo evasivo tem seu mérito quando a questão envolve obediência à política, assim as regras e os detalhes se sobrepõem ao acordo. Já o estilo amigável é aplicável nos casos em que há a necessidade de aproximação do oponente, nas palavras de Sparks (1992, p. 170), casos que requeiram "entusiasmo,

CAPÍTULO 3 | ESTILOS DE NEGOCIAÇÃO

diplomacia e tato". Por fim, o estilo confrontador é o mais adequado quando a questão é do tipo de se buscar o melhor acordo possível, quando envolve altos interesses em um conflito litigioso e é possível ter ganhos mútuos.

3.2.2 TÁTICAS BÁSICAS DE CADA ESTILO

Sparks (1992, p. 161) procura identificar as principais táticas usadas pelos oponentes dos diferentes estilos. Como tática, ele define "as ações através das quais a estratégia se desenvolve". As táticas usadas se baseiam em suas suposições sobre a outra parte e, em muitos casos, as mesmas táticas podem ser usadas com estilos diferentes.

Táticas do estilo restritivo

No Quadro 3.1, serão descritas as seguintes táticas enunciadas por Sparks (1992): "representante", "rebaixar", "irrevogável", "choque" e "reunião". São caracterizadas pelo medo, pela coerção e pela ameaça.

Quadro 3.1 Táticas do estilo restritivo

Tática do representante	Trata-se de uma tática usada pelo oponente de estilo restritivo, que afirma ter autoridade limitada, sendo uma maneira de fazer com que o negociador contenha suas solicitações. Ao usar essa tática, o oponente alega ter que submeter a demanda a uma esfera hierárquica superior, visando ganhar tempo e avaliar melhor a posição do negociador, sem declarar seu posicionamento. Pode ser que a utilização de um representante na negociação seja verdadeira, na tentativa efetiva de ser bem representado nessa situação, contudo, em muitos casos, a tática de se ter um representante é uma fraude.
Tática de rebaixar	É uma tática usada pelo oponente com estilo restritivo com o objetivo de diminuir o poder do negociador, por meio de descrições negativas e desconexas, rebaixando-o, na tentativa de obter paridade na negociação. Leva tempo a discussão sobre a veracidade dos pontos inseridos na negociação, consumindo as energias do negociador.
Tática irrevogável	Ao usar essa tática, o oponente do estilo restritivo amarra seu discurso junto ao negociador, recorrendo a uma autoridade mais alta ou a pessoas ligadas à questão com o objetivo de intimidá-lo. Afirma que uma autoridade mais alta ou as pessoas ligadas à questão pediram o apoio do negociador. A consequência do uso dessa tática pode ser a recusa do apoio por parte do negociador, exigindo, por escrito, documento que subsidie a fala do oponente ou a checagem direta junto à autoridade mais alta, por exemplo. O autor alerta certa cautela nesse procedimento, pois se pode gerar um conflito com essa autoridade, podendo ser esse o objetivo do oponente. Outra consequência é que se pode, no entanto, confirmar a veracidade do discurso e delimitar bem o espaço de cada um na negociação.

Tática do choque	Ao usar essa tática, o oponente tem como objetivo principal desestabilizar o pensamento do negociador, tirando o foco do ponto central da negociação. Dessa forma, age repentinamente, sem informar a outra parte, convidando outra pessoa para a negociação ou alterando o lugar da negociação, entre outras ações. O fato é que, ao usar essa tática, o oponente deve estar ciente que pode estender a negociação, aumentando a sua duração, pois pode ser solicitado um adiamento, por exemplo.
Tática da reunião	A tática da reunião pressupõe que o oponente de estilo restritivo certamente sabe a posição do negociador sobre um assunto. Mediante esse fato, assume uma posição admissível, mas um pouco afastada desse ponto, para que durante a negociação permita que o negociador o leve de volta à posição original por meio de uma suposta concessão. As vantagens ao oponente que usa essa tática são: voltar para uma posição originalmente aceitável e ter feito uma concessão, apesar de aparente, tendo certa vantagem no processo de negociação.

Fonte: Adaptado de Sparks (1992, p. 161-164).

Táticas do estilo evasivo

As táticas de um oponente do estilo evasivo se baseiam na abstenção e são caracterizadas pelo adiamento e atraso. Assim, no Quadro 3.2, tem-se: "retirada", "amostra", "virtude" e "equanimidade".

Quadro 3.2 Táticas do estilo evasivo

Tática da retirada	Trata-se de uma tática que pode ser usada pelo oponente de estilo evasivo em que ele aparenta estar subordinado ao negociador ou estar cedendo a suas demandas, gerando extrema confiança por parte do negociador, fazendo-o "gastar tempo, esforço e energia em vão". Nesse momento, o oponente de estilo evasivo recomeça como se nenhum progresso tivesse sido feito. A resposta à tática da retirada é não deixar que ela aconteça.
Tática da amostra (ou tática da apresentação de informações seletivas)	Ao usar a tática da amostra (ou da apresentação de informações seletivas), o oponente de estilo evasivo apresenta informações quantitativas de apoio, exagerando nas minúcias. A tática reside em gerar interesse pela informação oferecida. Acredita-se que usando essa tática o negociador irá acreditar que são informações que representam bem a questão em discussão. Frequentemente, isso é feito como uma tentativa de ocultar a ausência de dados específicos. O negociador deve, então, analisar se esses dados de fato representam a amostra da realidade.
Tática da apresentação das virtudes para encobrir fraquezas	O oponente de estilo evasivo poderá se valer dessa tática por estar em uma posição clara de fraqueza em relação ao negociador. Assim, atribui qualidades a sua posição, visando obter igualdade em termos de poder. A tática da virtude é oposta à tática do

Tática da apresentação das virtudes para encobrir fraquezas	rebaixamento, dando ao oponente chances de sucesso, pois utiliza expressões positivas. O autor sugere que a melhor resposta a essa tática seja a abstenção ou o humor, pois o verdadeiro valor do lado mais fraco não será alterado ao embalá-lo diferente. O negociador deve, então, insistir na volta aos fatos.
Tática de equanimidade ou moderação nas atitudes	A moderação nas atitudes, ou melhor, a paciência, dá a chance de reflexão ao oponente de estilo evasivo, medindo suas respostas com pouca influência emocional. Apesar de essa tática poder ser mal interpretada por demonstrar indecisão, é oportuna em certas circunstâncias. A experiência é que permite o uso da equanimidade, demonstrando autocontrole pessoal e baixa impulsividade.

Fonte: Adaptado de Sparks (1992, p. 166-168).

Táticas do estilo amigável

O oponente de estilo amigável utiliza táticas que enfatizam poucos objetivos em detrimento de extrema cordialidade e cooperação. Serão tratadas as táticas: "linhas cruzadas", "formação de grupos" e "tática dos limites artificiais", conforme o Quadro 3.3.

Quadro 3.3 Táticas do estilo amigável

Tática de linhas cruzadas	Essa tática tem dois aspectos: o primeiro é que a questão é subdividida ao acaso e apresentada em partes desconectadas (nesse momento, o negociador precisa recompô-la, fazendo com que o oponente de estilo amigável aceite sua integridade); o segundo é a introdução de itens superficiais, que não faziam parte da agenda, para esconder as poucas questões importantes. A melhor resposta a essa tática é a paciência e a pressão constante para seguir em frente com a negociação.
Tática da formação de grupo	Ao usar essa tática, o oponente de estilo amigável está buscando proteção. Assim, envolve outras pessoas, às vezes não relacionadas com a questão em negociação. Age assim acreditando, equivocadamente, que os outros têm a mesma empatia dele. A melhor resposta a essa tática por parte do negociador é a abstenção, ignorando as irrelevâncias, pois questionar a presença de outros na questão irá tirar o foco do objetivo central da negociação.
Tática dos limites artificiais	O oponente de estilo amigável, ao usar essa tática, coloca limites artificiais na questão em negociação visando mostrar um progresso maior que o real e, também, diminuir o risco de uma solução criativa ao problema. O negociador deve responder a essa tática investigando os limites, buscando confirmar a fonte dos limites e desafiar os que parecem irreais. A melhor reação a oponentes de estilo amigável é usar "ceticismo educado e a paciência", ignorando os obstáculos e seguindo em frente com a negociação.

Fonte: Adaptado de Sparks (1992, p. 169-170).

Táticas do estilo confrontador

Ao abordar as táticas usadas pelos oponentes do estilo confrontador, Sparks (1992, p. 172) esclarece a combinação de "colaboração e confronto, dando ênfase ao envolvimento do negociador". Destaca a tática "limites reais", descrita no Quadro 3.4, afirmando que as táticas "reunião", "equanimidade" e "virtude", abordadas como táticas de oponentes de outros estilos, também são usadas pelo oponente do estilo confrontador.

Quadro 3.4 Tática do estilo confrontador

Tática dos limites reais	Trata-se de uma tática em que se busca definir os reais limites da negociação com o objetivo de fazer a negociação seguir em frente e interromper as questões desnecessárias. Deve-se destacar que, agindo assim, o oponente pode beneficiar o negociador bem preparado, contudo, ele deve estar alerta para não deixar fora da agenda os itens que efetivamente deseja negociar.

Fonte: Adaptado de Sparks (1992, p. 172).

3.2.3 DIRETRIZES PARA LIDAR COM OS OPONENTES

Segundo Sparks (1992, p. 174), "os negociadores devem se apoiar em quatro diretrizes quando estiverem trabalhando com todos os oponentes", independentemente do estilo dos oponentes.

1. Deixar que o oponente se comporte com naturalidade

   Ao agir dessa forma, o negociador não deve tentar manipular o comportamento do oponente, mas sim ter flexibilidade, usando a habilidade para conseguir contornar a situação de forma a complementar o estilo do oponente. Deve-se lembrar que adicionar estresse à negociação enfraquece o bom julgamento.

2. Utilizar o sistema de valores do oponente para aumentar a receptividade

   Deve-se falar das vantagens para os interesses dos oponentes, em vez de procurar destacar os motivos pelos quais uma proposta é mais interessante. Os benefícios devem ser expressos em um contexto aceitável, coincidindo com a inclinação do oponente e com os interesses que dominam sua atenção.

3. Guiar o oponente para a conclusão desejada

   Deve-se procurar guiar o oponente para a conclusão desejada, deixando, porém, que ele declare sua compreensão dos fatos e sua conclusão, elevando sua aceitação. Entretanto, essa é a diretriz mais difícil dentre as destacadas, pois nem sempre é óbvio se o oponente é capaz de tirar conclusões; caso ele não tenha essa capacidade, perde-se tempo sem objetividade na negociação.

4. Evitar o desejo de dominar um oponente que pareça fraco

   Deve-se lembrar que a fraqueza pode ser fingida e que a reticência pode ser confundida com fraqueza. O estilo pode mudar rapidamente, assim como o comportamento, conforme será demonstrado na próxima seção. Tentar dominar um oponente pode complicar a negociação sem necessidade.

3.2.4 MUDANÇA DE ESTILOS

Sparks (1992) esclarece que dificilmente os oponentes ficam com seu estilo principal do início ao fim de uma negociação, apesar de retornar para ele várias vezes. De acordo com o autor, nesse contexto, além dos estilos principais, segundo o modelo de Jung, há estilos secundários.

Aborda também três causas básicas para as mudanças de estilo durante as negociações:

- A **natural**, baseada nas experiências passadas e na caracterização pessoal do oponente (que ocorre de maneira subconsciente, em direção a uma confiança menor e tornando, com isso, a negociação mais difícil).
- A **diretiva**, na qual o oponente altera seu estilo principal por motivos de conveniência ou na tentativa de conseguir um estilo complementar (nesse caso, a ação é consciente e planejada).
- A **reativa**, que acontece como resultado de duas ações em sequência (o impedimento, por parte do negociador, de que o oponente atinja seu objetivo e a pressão do negociador antes que o oponente tenha tempo para tomar uma nova linha de ação).

ATENÇÃO

Sparks (1992) alerta para duas diretrizes quando o assunto é mudança de estilo: a primeira enuncia que se deve reduzir o tempo de negociação para diminuir a oportunidade de eventuais mudanças de estilo e evitar o aumento da complexidade da negociação. A segunda afirma que, em negociações com oponentes já conhecidos, deve-se lembrar dos estilos secundários e das ações apresentadas por eles quando estiver planejando negociações futuras com o mesmo oponente.

3.3 CLASSIFICAÇÃO DE GOTTSCHALK

Gottschalk (1974 *apud* ROJOT, 1991) apresenta o conceito de estilos de negociação, bem como de que duas partes podem ser identificadas. Além disso, seleciona quatro estilos de negociação, cada um com vários componentes, e introduz alto grau de flexibilidade ao enfoque com os conceitos de "âmago" e partes adaptativas do estilo.

Gottschalk define estilo de negociação como "a descrição de todas as características de comportamento de um indivíduo envolvido em um encontro de negociação". Isso inclui tanto a impressão inicial quanto qualquer atribuição de situações prévias ou questões de outras fontes independentes do conhecimento, assim como o comportamento subsequente durante as negociações. O conceito de estilo inclui uma gama de ações, ou *inputs*, que, tomados individualmente, podem não proporcionar por si só nenhum *insight*, mas, integrados, proporcionam uma estrutura.

NEGOCIAÇÃO E SOLUÇÃO DE CONFLITOS

Segundo Rojot (1991), o ponto de partida para a análise dos estilos de negociação é a personalidade, porém, isso não é suficiente. A ligação entre os conceitos de personalidade, como utilizados pelos psicólogos, e o comportamento dos indivíduos na negociação é, pelo menos, tênue e, em um limite, até enganoso. Mesmo conceitos populares como introversão e extroversão falham em gerar *insights* devido à interação entre as personalidades dos envolvidos e em relação a fatores situacionais, tais como poder, objetivos e constrangimentos.

Variáveis de personalidade podem desempenhar um papel-chave na determinação sobre se as pessoas irão expor-se em situações de negociação, mas seu poder de predizer o comportamento dos "atores" nas reuniões é limitado. Entretanto, as estruturas básicas da personalidade de um negociador estão no âmago do estilo de negociação.

O conceito de estilos é, de certa maneira, uma forma de reunir um número de fatores que, de outro modo, permaneceriam difusos e separados, principalmente em situações nas quais eles têm impacto crítico.

Baseado na experiência prática, Gottschalk (1974 *apud* ROJOT, 1991) reconhece quatro estilos diferentes e os identifica de maneira muito simples: estilo duro, estilo caloroso, estilo dos números e estilo negociador.

Cada pessoa, naturalmente, se identifica com um estilo de maneira rápida, construindo o seu a partir de fatores facilmente identificáveis. Mas é importante saber que cada estilo em uma mesa de negociação é a combinação de um estilo de negociador individual (para o qual ele é atraído naturalmente) e de seu estilo adaptativo (aquele que ele acredita ser o que se adapta melhor à negociação específica que se está desenvolvendo).

É quase impossível e inadequado tentar mudar um estilo de negociação deliberadamente. Provavelmente, a mudança será muito lenta, mesmo que seja sob pressões muito intensas. Entretanto, estar ciente de sua natureza e de como adotar a parte adaptativa é outra questão. Movimentos deliberados podem ser utilizados objetivamente.

Estilo duro

Este estilo tem como características principais ser dominante, agressivo e orientado para o poder. No Quadro 3.5 são apresentados os aspectos positivos e negativos do estilo duro.

O estilo duro dá uma primeira impressão de alguém orientado para tarefas e para objetivos. As negociações correntes são vistas de uma perspectiva de curto prazo. O negociador parece precisar dominar e dirigir.

Durante as reuniões, esse negociador é preparado para ser direto, para estabelecer e explorar as diferenças entre as partes, com a implicação de que a outra parte pode fazer concessões para atravessar a ponte. Ciente de sua autoridade, ele é preparado para mudar os outros.

O negociador de estilo duro sabe exatamente o que quer, tanto interna quanto externamente à negociação. Os resultados têm que ser atingidos com um tempo específico. Como indivíduo, ele requer liberdade de ação e um mínimo de detalhes. Uma declaração clara de objetivos deve estar ligada a uma informação sobre os limites de recursos que podem ser utilizados.

CAPÍTULO 3 | ESTILOS DE NEGOCIAÇÃO

Quadro 3.5 Aspectos positivos e negativos do estilo duro

Aspectos positivos	Aspectos negativos
Estabelece posições firmes e claras	Demonstra desconhecimento sobre os interesses da outra parte e falta de disposição para identificá-los
É determinado a atingir sempre o melhor	
Conhece bem seus objetivos	Mostra-se desinteressado sobre o que os outros pensam, a menos que eles possam impor seus pontos de vista
Procura ter e manter o controle	
Tem presença dinâmica	
Não se intimida diante do conflito	É dominador, agressivo e pronto para o combate
Manifesta tendência de liderança	Torna-se coercivo com ameaças e pressões, e é ansioso por ser ouvido e respeitado
Prefere dirigir e coordenar o trabalho de outros	
Seleciona as oportunidades quando as identifica	Diz aos outros como as coisas devem ser feitas
	Tende a ser pessimista sobre o potencial individual durante as negociações
Aceita assumir riscos	
É competitivo, assertivo, aprecia as mudanças, responde às crises	Não permite que os outros integrantes do grupo contribuam e tende a criticar muito, inclusive os colegas
Aprecia variedades, surpresas, mudanças	Traz um *feedback* negativo para si mesmo, durante e após a conclusão das reuniões
	Aproveita oportunidades de outros no planejamento
	Não ouve as visões e necessidades dos outros, é inflexível, obstinado, orgulhoso
	É impulsivo, impaciente, manipulador
	Falha em obter concessões já disponíveis devido a sua maneira de agir; tem visão de curto prazo

Como indivíduo, o negociador duro pode precisar de ajuda para desenvolver uma resposta pessoal mais balanceada para as situações de negociação, dado que ele tende a responder em termos de luta, ou com seu *feeling* subestimado.

Estilo caloroso

As principais características do estilo caloroso são: apoiador, compreensivo, colaborador, orientado para as pessoas. No Quadro 3.6, são identificados aspectos positivos e negativos do estilo caloroso.

A primeira impressão desse estilo é a de um negociador orientado para pessoas e para processo. Suas habilidades de ouvinte dão uma visão geral das questões envolvidas. Frequentemente, não se tem consciência de que o processo de formar uma reunião foi atingido com um mínimo de conflito.

NEGOCIAÇÃO E SOLUÇÃO DE CONFLITOS

Quadro 3.6 Aspectos positivos e negativos do estilo caloroso

Aspectos positivos	Aspectos negativos
É amigo, interessado em outras pessoas	Não estabelece claramente o que pretende, não proporciona visão de oposição
Mostra-se bom ouvinte e tem habilidade para fazer questões	
Apresenta-se preocupado com as necessidades da outra parte	Está mais voltado às relações pessoais
	Apresenta incapacidade de dizer "não"
Compreende os valores e os objetivos da outra parte	Antecipa problemas que podem nem existir
Enfatiza os interesses e as metas comuns	Não reconhece a legitimidade em seu próprio caso
Reconhece a interdependência	
Estabelece padrões muito altos para si mesmo e para os outros	Perde o senso de seus próprios interesses e objetivos
É ávido por responder a aberturas positivas	Desilude-se e desaponta-se facilmente
	Reluta em enfrentar o conflito
Mostra-se construtivo, auxiliador, cooperativo	Se as ameaças são usadas para pressionar, tende a não ser confiável e desculpa-se por usá-las
Apoia propostas de outros tanto quanto suas próprias iniciativas	
	Reluta em assumir responsabilidades
Apoia os colegas	É muito dependente dos outros e, às vezes, confiante em excesso
É modesto sobre sua contribuição e suas habilidades	
Confia nos outros e está sempre pronto a colaborar	Em alguns momentos, torna-se inseguro e pede ajuda
É otimista	É autodepreciativo
É informativo, aberto, acessível	Tende a reclamar muito quando surgem problemas
É paciente, calmo, justo	Acredita que acesso e tempo irão resolver muitos problemas
Prefere reforçar o positivo, em vez de criticar o negativo	
	Não é preparado para dizer "não" diretamente e para assumir as consequências do risco
Sua base de poder não vem de baixo	
	Superestima as reações dos outros

O estilo caloroso procura acomodar a situação, construir e fortalecer os relacionamentos, evitar perdas para o outro lado. Um ambiente confortável é importante para dar apoio ao processo no qual ambas as partes podem relaxar e evitar tensões pessoais desnecessárias.

Negociar com um estilo caloroso proporciona exemplos de comportamento que são apreciados sem referência ao objetivo da reunião.

Os contatos informais e as discussões continuam, com frequência, no sentido de aperfeiçoar a qualidade da compreensão e o relacionamento entre as partes. Esse processo é visto como um sistema de solução de problemas em conjunto, com um prêmio pela abertura, confiança e conhecimento das necessidades da outra parte. O acordo, enfim, reflete a qualidade do relacionamento. O balanço de poder entre as partes tende a ser menos enfatizado e não se incentiva a identificação de fatores presentes nas questões que estão sendo discutidas.

O negociador de estilo caloroso procura resolver os conflitos, tanto trabalhando com base em um relacionamento já existente quanto com a oportunidade de desenvolver com a outra parte a estrutura e os procedimentos nos quais os benefícios mútuos podem ser identificados e combinados. Esse estilo de negociador mantém um baixo lucro; muitas das questões que surgem podem ser resolvidas por causa da qualidade dos relacionamentos. Ambas as partes procuram construir e manter créditos tangíveis e psicológicos com a outra parte.

Estilo dos números

Trata-se de um estilo analítico, conservador, reservado e orientado para as questões. O estilo dos números apresenta aspectos positivos e negativos, conforme o Quadro 3.7.

Quadro 3.7 Aspectos positivos e negativos do estilo dos números

Aspectos positivos	Aspectos negativos
Tem bom conhecimento dos fatos, lógica e detalhes	Tem dificuldade para adotar uma perspectiva de solução de problemas
É prático, preocupado com a operacionalização das questões	Apresenta dificuldade para lidar com emoções e normalmente é frio com os outros
Pesa as alternativas e valoriza suas opções	Apresenta comunicação mínima com as pessoas – respostas com uma única palavra
É metódico, sistemático, ordenado	Tem postura neurótica – precisa de uma quantidade muito grande de informações
É bem preparado, executa bem suas tarefas	Sente-se desconfortável com pessoas e sentimentos
Conhece a história dos relacionamentos e as situações, em detalhes, que rapidamente dão acesso aos arquivos e à correspondência	Não toma decisões rápidas; perde-se nos detalhes
É confiante em suas próprias habilidades analíticas	Tem necessidade de esclarecer palavras e ideias
É membro valioso do grupo – recurso técnico	Espera que os outros sejam convencidos por seus fatos e detalhes
Insiste em números evidentes	Irrita-se com as pessoas que não adotam suas perspectivas
Mostra a praticidade de suas ideias e contrapropostas	Não analisa outros pontos de vista, a menos que sejam expressos em seus termos
Confirma seus objetivos com pessoas mais qualificadas e com autoridades externas	Não dá atenção a respostas negativas, exceto com relação a questões de lógica
É persistente, paciente	Não é imaginativo, é inflexível e obsessivo; apresenta-se prisioneiro do passado, pessimista
	Resiste às mudanças e a novos caminhos; é vulnerável a movimentos "surpresa"

80 NEGOCIAÇÃO E SOLUÇÃO DE CONFLITOS

A primeira impressão do negociador do estilo de números é de ordem e previsibilidade. Sabe-se o que vai acontecer; no final do encontro, as questões básicas estarão solucionadas. Cada item será, então, examinado de uma forma metódica. Os negociadores estarão explorando a realidade que irá impor a lógica e a estrutura ao processo. A discussão será precisa até o ponto em que, dominada pela linguagem técnica apropriada, não permita oportunidades para ambiguidades.

O comportamento e as razões da outra parte serão julgados por seu método de trabalho, sua competência técnica e questões complexas, bem como sua disposição para evitar envolvimento pessoal em questões triviais.

Durante os encontros, o negociador de estilo dos números apresentará suas análises em detalhes, esperando ser aceito. Caso isso não aconteça, irá esperar que lhe seja apresentado com um nível equivalente de informações estruturadas, que possa ser examinado com o mesmo nível de rigor que caracteriza sua preparação.

O negociador de estilo dos números aparenta buscar segurança e manutenção do *status quo*. Os precedentes, desde que estabelecidos, devem ser seguidos e, se alguma mudança se fizer necessária, será preciso um longo período de ajustamento. Como um negociador, ele precisa ser percebido pelos colegas como sendo competente e prefere pertencer a grupos nos quais sua consideração em relação aos outros também é muito alta.

Estilo negociador

O estilo negociador apresenta como características principais: flexibilidade, compromisso, integração e orientação para resultados, conforme o Quadro 3.8.

Quadro 3.8 Aspectos positivos e negativos do estilo negociador

Aspectos positivos	Aspectos negativos
É rápido para identificar oportunidades	Busca um acordo quase a qualquer preço
Busca maneiras de viabilizar as atividades	É supercompromissado, difícil de ser encontrado
Aprecia negociar por meio de barreiras culturais	Assume que tudo está sempre em ordem
Utiliza as habilidades sociais para persuadir	Assume tarefas que não são suas
Evita ofender, mesmo quando diz "não"	Pode levar as pessoas a caminhos errados
Dá más notícias sem afetar o relacionamento	Procura evitar conflitos, tanto em questões pessoais quanto em itens-chave nas reuniões
É adaptativo, flexível, imaginativo	Não se prende demais a nada e segue em frente mesmo quando não está totalmente de acordo com o interesse dos envolvidos
Evita concentrar-se em um único ponto	Frequentemente mantém uma posição muito rígida
Fala rapidamente e usa efetivamente questões	Pode parecer artificial e pouco sincero
Utiliza todos os fatos e argumentos disponíveis	Falha ao preparar e planeja de maneira pobre
Não desiste facilmente	É muito hábil em parte

A primeira impressão do estilo negociador pode ser a de uma mistura que caracteriza a negociação como um encontro social, de distração e risco. Além disso, o negociador pode ter uma imagem de confidência, sofisticação e flexibilidade. Muitas de suas expressões sugerem que as decisões podem e devem ser tomadas rapidamente e que, em um ambiente dinâmico, uma falha em resposta a uma oportunidade é um convite a uma perda significativa.

Nas reuniões, o negociador desse estilo não desponta como um pensador lógico primário. Fatos poderão ser tomados ou descartados, se isso ajudar a levar a reunião para seus objetivos primários, ou seja, a busca do acordo.

O negociador efetivo procurará garantir que, ao longo do tempo em que as negociações se aproximam de seu final, as partes envolvidas tenham estabelecido seu relacionamento pessoal e estejam suficientemente fortes e flexíveis para assegurar que a compreensão e a acomodação sejam mais fortes do que palavras escritas.

O indivíduo de estilo negociador busca reconhecimento e apreciação como pessoa que consegue forçar o surgimento das coisas no momento adequado e como reconciliador de situações supostamente difíceis e, aparentemente, como capaz de salvar situações que poderiam levar a desastres. Recompensas monetárias e benefícios são esperados como demonstrações de aceitação e poder. A situação de ser marginalizado, ou mesmo pouco valorizado, é odiada pelas pessoas desse estilo. Além disso, os negociantes apreciam ter liberdade dos controles organizacionais, dos procedimentos e das rotinas e adoram poder manipulá-los como parte do jogo.

Os negociadores precisam, para se tornarem mais efetivos e bons administradores de seu tempo, balancear seus conceitos pessoais para um acordo com os objetivos de longo prazo da organização. Isso pode, inclusive, exigir a aceitação de uma supervisão mais próxima de sua própria gerência e o reconhecimento de que essa liberdade na tomada de decisões pode estar baseada no atingimento de uma aceitação mais madura desse controle.

O negociador desse estilo deve ser levado a reconhecer o impacto desse comportamento de curto prazo sobre a viabilidade da manutenção de um relacionamento de longo prazo.

3.4 CLASSIFICAÇÃO LIFO[2] DE ATKINS E KATCHER

A classificação LIFO, apresentada por Bergamini (1990), é originária da pesquisa dos psicólogos norte-americanos Atkins e Katcher, especialistas em Desenvolvimento Organizacional que durante mais de dez anos pesquisaram as características que mais qualificavam os executivos de empresas no mundo.

É muito semelhante à classificação de Gottschalk, apresentada anteriormente, e mostra quatro estilos básicos:

- Dá e Apoia (D/A);
- Toma e Controla (T/C);

---

[2] Ou *Life Orientations*.

- Mantém e Conserva (M/C);
- Adapta e Negocia (A/N).

Essa tipologia dos estilos comportamentais parte do princípio de que o esforço para conhecer as pessoas e classificá-las dentro de certas categorias tem sua origem nas tentativas feitas pelos estudos de tipologias humanas. Bergamini (1990) considera a tipologia como um esquema classificatório concebido com vistas à possibilidade de se revelarem dimensões significativas da natureza humana pela interligação dos mais variados aspectos por meio dos quais se conhecem os indivíduos.

Evidentemente, a questão de rotular as pessoas é um tanto quanto perigosa, principalmente porque se corre o risco de classificar errado. Entretanto, torna-se extremamente importante tentar estabelecer alguma tipologia para poder ordenar o sistema. Assim, as ciências procuram ordenar e classificar os diferentes fenômenos que fazem parte de seu campo de estudos. Dessa forma, não há razão para não tentar fazê-lo dentro das ciências do comportamento.

Para não se correr o risco de classificações equivocadas ou imprecisas, um bom diagnóstico e uma classificação fidedigna tornam-se indispensáveis ao autoconhecimento, constituindo-se em importantíssimos norteadores da compreensão mais exata do comportamento das outras pessoas. Assim, quanto mais próximo se está do conhecimento do verdadeiro estilo comportamental do outro, mais fácil será a formação do vínculo social com ele.

É fundamental, porém, que se trate o assunto cientificamente, deixando de lado experiências amadoras. Dessa forma, o trabalho de Atkins e Katcher se constitui em um instrumento científico de diagnóstico que tem por finalidade determinar a maneira pela qual os quatro estilos de comportamento se apresentam em cada indivíduo.

Bergamini (1990) esclarece que o programa LIFO foi inspirado, quanto a filosofia, orientação básica e descrição dos estilos, na obra *Man for himself*, de Erich Fromm (ou *A análise do homem*, em português). A autora enfatiza literalmente (1990, p. 87): "A teoria LIFO afirma ser um parodoxo humano o fato de que as forças de uma pessoa, quando utilizadas em excesso, se transformam nas suas próprias fraquezas".

Dessa forma, Atkins e Katcher transportaram esses conceitos para o contexto das empresas e constataram que os estilos gerenciais também podiam ser analisados como orientações comportamentais, que poderiam ser reconhecidas como produtivas, mas, paradoxalmente, em outro momento, caso não fossem adequadas, poderiam ser improdutivas ou disfuncionais.

Os pesquisadores se propuseram a verificar como quatro possíveis orientações comportamentais se apresentavam na prática dentro das empresas. As quatro orientações pesquisadas foram:

- a respectiva – de aceitação;
- a exploradora – de tomar ou assumir;
- a acumuladora – de conservação;
- a mercantil – de permutação.

CAPÍTULO 3 | ESTILOS DE NEGOCIAÇÃO

Assim, os autores do sistema LIFO chamaram esses quatro parâmetros de "norteadores do comportamento", surgindo os estilos anteriormente mencionados:

- o estilo **Dá e Apoia**, como correspondente da orientação receptiva;
- o estilo **Toma e Controla**, como correspondente da orientação exploradora;
- o estilo **Mantém e Conserva**, como correspondente da orientação acumuladora;
- o estilo **Adapta e Negocia**, como correspondente da orientação para trocas.

Ao caracterizar os quatro estilos, entretanto, é necessário descrevê-los em suas características de desempenho produtivo levando em consideração, paralelamente, seus correspondentes que determinam o comportamento quando sob pressão (ou seja, nas situações em que há queda do desempenho produtivo).

Bergamini (1990, p. 65) reforça que a filosofia LIFO está baseada no princípio de que não existem estilos ideais ou pessoas com comportamento perfeito, tendo em vista os cargos existentes: "Ela propõe que os traços característicos da diferença individual de personalidade de uma pessoa sejam, em princípio, seu reduto básico de forças pessoais". Assim, o impacto provocado no ambiente por seu comportamento é que determinará se suas características estão sendo usadas de maneira produtiva ou improdutiva.

Esclarece que o comportamento da pessoa que se mostra eficiente atribui uma sensação de conforto por meio do uso produtivo de seus pontos fortes, levando à ênfase desse comportamento, sem de fato verificar se as pessoas ou a contingência ambiental precisam desse tipo de orientação. Dessa forma, o uso disfuncional de suas forças pode acabar transformando-as em fraquezas.

De maneira antagônica, os pontos fracos do indivíduo podem transformar-se em pontos fortes quando utilizados de maneira excessiva. Dessa forma, vê-se que os pontos fortes e os pontos fracos estão intimamente ligados e podem, com muita frequência, transformar-se de fortes em fracos (e vice-versa), principalmente quando utilizados em excesso (característica das situações de pressão que as pessoas enfrentam – pressões essas que podem vir do ambiente externo, da própria situação ou das pessoas envolvidas). Bergamini (1990, p. 65) afirma que "a fraqueza é, ironicamente, a força superativa e impelida até que se torne excessiva".

Cita como exemplo uma pessoa que seja capaz de arranjar-se sozinha e que mostre grande impulsividade. Ela será vulnerável devido a seu excesso de iniciativa, tomando medidas para as quais, muitas vezes, não possui autoridade formal. Por outro lado, uma pessoa confiante e cheia de fé nos outros está sujeita ao excesso dessa qualidade, que a tornará superconfiante e ingênua. Já o indivíduo metódico e sistemático torna-se excessivamente analítico e super elaborado em seu trabalho. Alguém que seja flexível e facilmente adaptável socialmente poderá evidenciar um comportamento inconsistente, expondo-se à descrença pessoal quanto a suas próprias convicções.

Assim, Atkins e Katcher (*apud* BERGAMINI, 1990, p. 66) enfatizam o fato de que "as características particulares de cada pessoa representam seu reduto básico de forças e o nível de desempenho pessoal depende de sua habilidade em lidar adequadamente com elas, não propondo, por conseguinte, estilos ideais".

Dessa forma, podem-se apresentar os quatro estilos comportamentais de acordo com a forma de agir, segundo a classificação de Atkins e Katcher, tendo em vista seus aspectos produtivos e improdutivos, bem como sua filosofia básica.

Estilo Dá e Apoia (D/A)

Este estilo tem como premissa básica uma expectativa de altos padrões de desempenho nas situações do trabalho, tanto para a pessoa como para as demais que estão a sua volta. A orientação é, basicamente, de uma postura idealista, enfocando a situação presente, sempre segundo essa postura.

Em relação à empresa, a pessoa de estilo "Dá e Apoia" assume pessoalmente seu sucesso, bem como seus problemas, dando o melhor de si sempre, de forma absolutamente honesta, sincera e dedicada. A tendência clara é a de exercer um tipo de chefia basicamente cooperativa, na qual os subordinados se sentem participantes das decisões.

Em situações de desempenho produtivo, o "Dá e Apoia" faz de tudo para não desapontar os demais indivíduos quanto à responsabilidade que lhe foi atribuída, buscando aprimorar sempre seu desempenho de forma sistemática. Dessa forma, proporciona recursos que favorecem o desenvolvimento daqueles que o cercam, constituindo-se em um formador de talentos para a organização. Trata-se, na verdade, de alguém com quem se pode contar nas horas difíceis e a quem se pode pedir apoio nos momentos de necessidades.

Já quando em queda de desempenho, ou em situações de extrema pressão da situação ou das pessoas que o cercam, torna-se perfeccionista pelo excesso de preocupação com o autodesenvolvimento, chegando a sentir-se culpado pelo insucesso daqueles a quem não pode ajudar. Por outro lado, tende a conceder demais, para não ser visto como não colaborador, e deixa-se invadir em sua privacidade, sendo sempre incapaz de dizer "não", independentemente da situação que está enfrentando.

Estilo Toma e Controla (T/C)

A orientação básica desse estilo é caracterizada pelos objetivos e metas a serem alcançados. A pessoa "Toma e Controla" move-se, em geral, mais rapidamente do que a média das pessoas, buscando aproveitar sempre todas as oportunidades que surgem no ambiente, de maneira a chegar a seus objetivos pretendidos.

O "Toma e Controla" tem extrema agilidade em suas ações, respondendo de maneira muito eficaz às situações de pressão que enfrenta, bem como apresentando uma capacidade muito grande de trabalhar em diferentes atividades simultaneamente.

Quando em desempenho produtivo, esse estilo lidera e dirige o trabalho dos outros com enorme facilidade e competência, assumindo normalmente a direção no relacionamento interpessoal. A pessoa "Toma e Controla" não perde nenhuma oportunidade que se apresenta, demonstrando normalmente espírito muito aberto às inovações. As decisões desse estilo de profissional são tomadas sempre muito rapidamente, além do que, gosta de atuar independentemente, deixando, porém, grande liberdade de atuação aos outros que o cercam.

Já em queda de desempenho, o líder "Toma e Controla" força tanto sua tendência diretiva de chefia que se torna coercitivo; atua de forma impulsiva, sacrificando

CAPÍTULO 3 | ESTILOS DE NEGOCIAÇÃO 85

a ponderação em favor da ação; esquece de pedir a opinião dos outros, passando por cima deles com frequência; desperdiça recursos e processos, mesmo quando ainda podem ser úteis; chega, inclusive, a deixar muitas vezes certa impressão de arrogância.

A filosofia de vida básica do "Toma e Controla" é a de fazer com que as coisas efetivamente aconteçam, e não ficar aguardando que elas aconteçam por si só.

Estilo Mantém e Conserva (M/C)

A pessoa desse estilo tem um ritmo de trabalho mais lento: preocupa-se excessivamente com a qualidade do trabalho a ser executado, não dando tanta importância à quantidade de trabalho que é realizada. Trata-se de um profissional que preza, em excesso, os critérios de justiça objetiva.

Na verdade, o "Mantém e Conserva" procura nortear-se pelas coisas concretas, estando sempre aberto à análise da lógica entre os dados e fatos, apoiando suas decisões naquilo que pode comprovar como sendo viável em termos práticos, o que, aliás, mantém a excelente qualidade das medidas que propõe.

Nas situações de desempenho produtivo, o "Mantém e Conserva" não toma decisões no calor de uma discussão; consegue evitar perdas desnecessárias para a organização, além de examinar os assuntos nos quais está envolvido com tanta profundidade que acaba por descobrir aspectos que a maioria das pessoas não vê com frequência.

Quando se encontra em casos de queda de desempenho, torna-se distante, dificultando o acesso das pessoas até ele, chegando mesmo a mostrar-se frio e ausente. Torna-se excessivamente intelectual em suas atividades, desenvolvendo análises contínuas e repetidas, pensando tanto em determinado assunto que, quando chega ao ponto de tomar decisões, a oportunidade já passou. Tende a apegar-se excessivamente ao antigo, desestimulando as mudanças e podendo evidenciar certa rigidez.

Esse tipo gerencial tem como filosofia de vida preservar cuidadosamente o que já conseguiu e construir o futuro em cima do passado. Em um mundo em constante mutação, que exige sempre uma postura proativa, a tendência deveria ser de que esse estilo estivesse em baixa.

Estilo Adapta e Negocia (A/N)

Esse estilo tem como característica principal a facilidade da pessoa em colocar-se no lugar do outro, o que facilita a compreensão das razões de seu opositor. O "Adapta e Negocia" normalmente adota os referenciais do grupo social como fator que norteia seu comportamento. Além disso, valoriza a convivência agradável e salutar com as demais pessoas que o cercam, procurando ser sempre bem aceito pelos grupos dos quais participa.

O estilo "Adapta e Negocia" tem a grande vantagem de comandar seus subordinados de maneira entusiástica, respeitando sempre o espírito de equipe. Por outro lado, costuma ser conhecido por um grande número de pessoas, sendo bastante popular e cultivando muito o contato com as pessoas em diferentes níveis, situações e atividades.

Em situações de desempenho produtivo, esse estilo tem como forma de abordar os problemas deixar claro que possui sempre elevado senso de humor. Por outro lado, tem tato suficiente para conseguir recuar diante das razões sempre que elas forem convincentes. Esse estilo serve-se de sua habilidade social para abordar as dificuldades que se apresentam, tendo sempre uma postura otimista e acreditando em resultados altamente positivos, em função dos esforços despendidos. Normalmente, é o estilo que possui a maior facilidade de adaptação em relação às pessoas de outros estilos.

Em situações em que há queda no desempenho, costuma usar um enfoque eminentemente social que o torna inconveniente; contudo, dificilmente percebe isso. Na verdade, parece não atribuir suficiente seriedade aos problemas, assumindo atitudes infantis por meio de brincadeiras sem sentido e, às vezes, até indelicadas. Outro problema desse estilo, quando em situações de pressão, é que ele chega a perder o senso da própria identidade por não apresentar opiniões firmes, chegando até a abrir mão de suas próprias convicções, desde que não se envolva em situações de atrito com a outra parte.

A filosofia básica de vida desse estilo é a de que, para se conseguir algo, é preciso ir sempre ao encontro das expectativas e dos desejos das outras partes envolvidas.

Conforme alertado por Bergamini (1990, p. 69), "os autores do sistema LIFO colocam como aspecto básico o fato de que as pessoas não são portadoras de um único estilo". Na verdade, a maioria das pessoas apresenta os quatro estilos ao mesmo tempo, evidentemente em graus diferentes de utilização. No fundo, o que diferencia as pessoas na utilização dos estilos é a ordem na qual essas quatro orientações comportamentais aparecem, o que, aliás, é determinado pela intensidade com a qual cada tipo de estilo é usado.

ATENÇÃO

A intensidade com que cada pessoa utiliza os quatro estilos depende de sua maneira de ser, assim como da situação que a mesma está enfrentando. Segundo os autores do LIFO (BERGAMINI, 1990), um conjunto particular de combinação de estilos aparecerá, sendo que os quatro estilos podem ser caracterizados da seguinte forma:

1. *Primeiro estilo*: também denominado "estilo de frente", caracteriza um comportamento que a pessoa exibe com grande facilidade. Trata-se da maneira preferida de ser de cada pessoa e para a qual a atuação é quase automática.

2. *Segundo estilo*: também conhecido como "estilo de fundo", é, de certa forma, menos frequente do que o anterior. Caracteriza-se como um comportamento alternativo que a pessoa usa, na verdade, quando quer. Esse segundo estilo é o que dá o "colorido especial" ao primeiro, atenuando seu aparecimento de forma pura.

3. *Terceiro estilo*: trata-se de um comportamento bem menos frequente do que os dois primeiros, sendo utilizado pelas pessoas apenas em situações nas quais seja absolutamente necessário. A utilização desse estilo requer maior esforço pessoal, quando é necessária sua utilização, devido ao fato de ser o estilo menos frequente e, portanto, menos automático.

4. *Quarto estilo*: conhecido também por "força negligenciada". Constitui-se num comportamento desgastante para os indivíduos, quando há a necessidade de sua utilização, devido ao fato de não ser um comportamento muito frequente. Quanto à produtividade conseguida com sua utilização, trata-se sempre de um resultado insatisfatório em termos organizacionais.

CAPÍTULO 3 | ESTILOS DE NEGOCIAÇÃO

A identificação desses quatro estilos, em sua ordem de utilização, pode ser feita por meio de um questionário do sistema LIFO disponível, porém, apenas para consultores autorizados e credenciados para tal.

Ainda segundo os autores citados, cada pessoa tem normalmente um conjunto de estilos característicos de desempenho em condições normais de atuação; já em situações de pressão ou de luta, pode apresentar outro arranjo diferente entre os estilos que, porém, não *leva* necessariamente a um desempenho improdutivo.

Segundo os proponentes desses estilos, o mais comum é que a mesma ordem de aparecimento dos estilos se dê tanto em situações de desempenho habitual quanto em situações de pressão no trabalho. Assim, uma característica produtiva pode transformar-se em improdutiva em momentos habituais nos quais o indivíduo está sob pressão, seja ela de que tipo for.

A importância do conhecimento dos pontos fortes e dos possíveis excessos é muito grande, dado que, conhecendo-os, o indivíduo passa a dispor de um conjunto de recursos para o planejamento de sua estratégia comportamental, que poderá ser feito com base na descrição de seu próprio cargo, da redistribuição de suas atividades ou da reformulação de políticas. Utilizando ao máximo seus pontos fortes, ele poderá evitar situações em que seu estilo menos desenvolvido seja solicitado. Dessa forma, poderá ser mais produtivo para a organização, além de ter a oportunidade de experimentar maior conforto pessoal nas situações de trabalho.

IMPORTANTE

Segundo Bergamini (1990, p. 70), a formulação da estratégia para a ação *deverá* estar condicionada a cinco passos formais, apresentados por ordem de dificuldade:

1. Capacitação das forças
   - *Devem-se* aceitar os pontos fortes de seu estilo pessoal, não perdendo tempo lamentando-se suas fraquezas.
   - Planejar o maior número possível de oportunidades para poder utilizar os próprios pontos fortes.

2. Desenvolvimento dos pontos fortes
   - Procurar interagir com pessoas cujos estilos e forças pessoais sejam diferentes dos seus próprios.
   - Utilizar essas diferenças de estilo para enriquecer o processo de tomada de decisões, minimizando seus desvios.

3. Ampliação das suas próprias forças
   - Não se deve alterar a maneira básica de ser e agir; ao contrário, devem-se acrescentar a ela outras opções de ação que também sejam válidas.
   - As características menos desenvolvidas devem ser utilizadas apenas em situações de baixo risco.

4. Combinação das diferentes forças
- A abordagem pessoal deve ser orientada de acordo com o que os outros preferem, em função de seus estilos pessoais.
- Deve-se pedir aos outros que também orientem sua forma de abordar os diferentes aspectos, para que se possa usar ao máximo o próprio estilo.

5. Controle do uso excessivo dos pontos fortes
- Identificar situações, atividades e pessoas que disparam o uso inadequado de seu estilo.
- Pedir aos outros que o informem quando perceberem que você está utilizando seu estilo em excesso.
- Ter claro os sinais que indiquem a utilização excessiva de seu estilo, planejando uma estratégia para corrigir as situações de pressão que possam ter sido precipitadas ao utilizá-lo.

3.5 CLASSIFICAÇÃO DE MARCONDES

Marcondes (1993, p. 37) inicia sua apresentação de estilos de negociação com as afirmações de Giles Amado, da HEC-ISA (Hautes Études Commerciales, Institut Superieur des Affaires, Paris), de que "negociar é saber adaptar-se ao ambiente". "A evolução e a mudança são, consequentemente, os eixos diretivos da negociação." "Um indivíduo capaz de fazer evoluir sua posição num sentido produtivo não é um derrotado, mas é, ao contrário, um negociador bem-sucedido."

Com isso, pode-se ver a importância da adaptação ao ambiente para permitir a correta percepção e ação do negociador sobre as variáveis situacionais imediatas a que ele está sujeito, bem como sobre as influências contextuais mais amplas que interferem positiva ou negativamente no comportamento das pessoas.

Após identificar as condições, porém, é necessário agir, pois perceber e não agir na direção de um acordo satisfatório para ambas as partes é tão ineficaz quanto agir sem uma leitura correta de ambiente. Nessas condições, identifica-se claramente que a negociação é uma forma particular de comunicação, na qual os interlocutores desempenham os papéis de emissores e receptores.

Giles Amado (*apud* MARCONDES, 1993, p. 38) considera que o comportamento do negociador tem duas determinantes: uma direção e uma polarização. Por direção, entende-se o sentido em que se desenrola a negociação e no qual as mensagens são trocadas entre os interlocutores. Os comportamentos que determinam a direção da negociação são considerados construtivos, uma vez que será por meio deles que os negociadores poderão alcançar seus objetivos em um clima saudável.

Para que esse resultado seja obtido, o negociador necessita assumir comportamentos ativos, ou seja, agir sobre os outros para que explicitem seu ponto de vista e seus julgamentos para, depois, procurar convencê-los. Os comportamentos ativos apontam como o negociador trata o próprio conteúdo da negociação para alcançar o objetivo estabelecido.

O negociador efetivo, contudo, procura também agir em função das mensagens que recebe de seu interlocutor. Os comportamentos receptivos contribuem para a construção da negociação, na medida em que permitem comprometer o interlocutor, incitando sua participação e obtendo seu envolvimento.

O ato de negociar, por se tratar de uma forma de comunicação, pode ser afetado por ruídos. As diferentes culturas dos interlocutores podem constituir-se em um fator de deformação das mensagens. Amado (*apud* MARCONDES, 1993) afirma que "a negociação é um prisma deformante, fundado no diferencial de percepção entre duas pessoas [...] Assim, as mensagens enviadas a um interlocutor através desse prisma poderão adquirir, a seus olhos, uma coloração particular".

Em uma situação na qual haja três ou mais pessoas envolvidas em uma negociação, cresce enormemente a probabilidade de polarização das mensagens ou mesmo de bloqueio da comunicação entre os interlocutores.

Como afirma Marcondes (1993, p. 41), não existem comportamentos mágicos que possam evitar a polarização. O negociador hábil é capaz de analisar friamente as distorções que possam vir a ocorrer e de não agir para acentuá-las. Durante a negociação, ele também observa o impacto emocional de seu comportamento sobre o interlocutor e trata de forma positiva os eventuais conflitos que venham a surgir.

A negociação efetiva ocorre quando os negociadores estão atentos a seus objetivos, aos objetivos da outra parte e, principalmente, ao impacto que seu comportamento produz sobre o interlocutor. É dessa forma que a negociação evolui para resultados satisfatórios para as diferentes partes envolvidas na negociação.

É importante, porém, frisar que um comportamento não é bom nem mau em termos absolutos, mas depende da situação na qual se encontram, dos objetivos que se busca e do interlocutor que se tem pela frente.

Marcondes (1993, p. 43) classifica os estilos de negociação em cinco tipos diferentes:

Estilo afirmação

Por meio do estilo afirmação, o negociador alcança seus objetivos usando assertividade. Os comportamentos típicos desse estilo são:

- fazer conhecer seus desejos e expectativas;
- explicitar suas condições para negociar;
- emitir julgamentos de valor sobre o outro;
- explicitar consequências positivas ou negativas para o outro.

Para algumas pessoas, o estilo afirmação é uma agressão ao outro, por isso não se sentem bem ao utilizá-lo. Essa posição traz implícita a dificuldade que essas pessoas enfrentam ao fazer valer seus direitos e dizer "não" perante uma solicitação do outro.

Enquanto o estilo afirmação em seu nível ótimo traz como resultado uma negociação transparente, seus comportamentos afirmativos extremos por falta (indefinição) ou por excesso (imposição) trazem mais perdas do que ganhos.

Estilo persuasão

O estilo persuasão caracteriza-se pelo uso de informação e raciocínio para que o negociador alcance seus objetivos. Os comportamentos típicos desse estilo são os seguintes:

- fazer sugestões;
- apresentar propostas;
- argumentar, justificar a partir de dados, fatos, casos ou questionamentos.

Quando o negociador não está preparado ou não apresenta boas condições para o estilo persuasão, sua atuação será caracterizada como inconsistente, situação que pode ocorrer até nos casos em que apresenta propostas, porém não consegue justificá-las, impedindo que os outros aceitem suas ideias, que podem até estar corretas.

O oposto desse comportamento seria a rigidez. Trata-se daqueles negociadores que apresentam argumentos fechados, que colocam o outro em armadilhas ou que se envolvem em argumentos sem ser de maneira objetiva, não culminando numa proposta.

Os dois estilos apresentados são considerados pelo autor como envolvidos em uma dimensão construtiva/*push*. Os dois estilos *push* são considerados aqueles em que se busca exercer influência sobre o outro para alcançar e explicitar seus objetivos. Há mais dois estilos classificados na categoria construtivos/*pull*. O emprego desses estilos significa uma mudança radical de foco do negociador. Esses dois estilos permitem o foco nos aspectos pessoais e relacionais dos negociadores. Nesses dois estilos *pull*, age-se em função das mensagens recebidas para buscar a participação e o envolvimento do outro.

Estilo ligação

Esse estilo é caracterizado pelo uso da empatia para compreender os objetivos do outro. Os comportamentos típicos a serem citados são:

- demonstrar apoio ao outro;
- pedir sugestões e opiniões ao outro;
- escutar com atenção;
- dar importância às colocações e aos sentimentos do outro;
- verificar se entendeu bem as posições do outro;
- procurar pontos de acordo.

O estilo ligação não deve ser encarado como uma postura passiva, mas como construtiva, pois, para uma negociação efetiva ser alcançada, é necessário obter o compromisso do outro.

O negociador pode demonstrar impaciência quando o interlocutor expõe seu ponto de vista, ou mesmo escutar o outro apenas para obter argumentos que sustentem suas posições. Isso denota que o foco não está no outro, mas no próprio negociador, indicando egoísmo (ou autocentrismo).

No outro extremo, há os negociadores altruístas, aqueles que reformulam constantemente suas posições para obter acordo ou apoiam e escutam o outro para não ter que expressar seu ponto de vista, bem como para não assumir responsabilidades dentro da negociação.

Tanto egoísmo quanto altruísmo não são comportamentos construtivos, podendo, inclusive, trazer irritação ao interlocutor e consequente conflito na negociação.

Estilo atração

O estilo atração é caracterizado por um conjunto de comportamentos que levam a um envolvimento do interlocutor. Esse envolvimento pode ser obtido pelos seguintes comportamentos:

- estimular e motivar o outro;
- elevar o moral;
- influenciar o outro a partir de seu próprio comportamento;
- reconhecer seus erros e suas limitações;
- enfatizar atributos e qualidades do outro.

Para certas pessoas, é difícil assumir os comportamentos desse estilo de modo autêntico, pois entendem como fraqueza o fato de expor suas falhas e deficiências. Assim, acabam optando por manter-se em uma posição mais de defesa, distante do outro lado. Existem, porém, os que buscam abrir-se aos outros como uma tática para dominá-los. A primeira reação pode caracterizar frieza nas relações, enquanto a segunda pode demonstrar o intento de sedução subjacente nas atitudes.

Em uma negociação, se, por um lado, o negociador deve focar a construção da negociação, por outro lado, ele deve ser também capaz de adaptar-se perante uma situação de impasse.

Estilo "destensão"

Buscar a convergência em uma negociação não significa negar o conflito, mas circunscrevê-lo, abordar pontos nos quais possa haver acordo ou até mesmo interromper a negociação, mesmo que momentaneamente, para poder preservar sua efetividade.

Assim, em uma situação de ataques pessoais, irritação e desconfiança, que levam a um desvio crítico da discussão, o negociador pode:

- destacar com clareza os pontos de desacordo;
- focar novamente o debate sobre pontos precisos;
- falar de elementos definidos com transparência para restabelecer a confiança.

Quando, porém, a negociação está paralisada ou focada em uma relação de força, ou, ainda, quando os interlocutores se envolveram num jogo do tipo ataque/defesa, pode-se obter convergência ao:

- explicitar as posições;
- propor soluções alternativas capazes de interessar às duas partes;
- centrar-se no conteúdo da negociação;
- propor uma interrupção da negociação.

NEGOCIAÇÃO E SOLUÇÃO DE CONFLITOS

Assim, "destensionar" significa buscar e obter a convergência em uma situação. Esse esforço de convergência exige que o negociador faça uma leitura correta da situação, utilize sua criatividade e possua vivacidade de espírito para intervir no momento oportuno.

Quando, porém, diante de um conflito, não se é capaz ou não se pretende convergir, podem-se adotar dois caminhos: oposição ou fuga. Tanto oposição como fuga são comportamentos desaconselhados, pois não fazem progredir a negociação; porém, tudo depende dos objetivos fixados.

VOCÊ SABIA?

Em pesquisa realizada com um grupo de executivos brasileiros, Marcondes (1993, p. 54) identificou o estilo ligação como o mais presente entre os executivos brasileiros, em um nível de 48% da amostra. Na verdade, o negociador pode mudar sua postura em função da situação enfrentada, porém tem-se sempre um estilo predominante em sua atuação. Em um segundo nível, tem-se o estilo persuasão, também com uma importância grande entre os executivos (28%); em seguida, vem o estilo atração (18% do total); enquanto o estilo afirmação tem uma importância muito inferior (apenas 5%) e o estilo convergência responde por apenas 1% do total.

Outras conclusões interessantes do estudo de Marcondes referem-se ao fato de que, nas empresas privadas, o jogo do poder percebido e praticado e o valor atribuído à competência técnica nessas organizações permitem que uma parcela significativa de seus executivos lance mão do estilo persuasão, em que a probabilidade de confronto de pontos de vista divergentes é maior. Esses executivos percebem mais claramente sua posição na estrutura de poder e podem fazer frente a situações mais arriscadas de negociação. Com isso, o estilo persuasão consegue atingir a porcentagem de 33% entre os homens e 31% entre as mulheres (contra 42% e 47%, respectivamente, do estilo ligação), estando, portanto, bastante próximo do estilo ligação em importância.

Já nas empresas estatais, a estrutura de poder extrapola o âmbito interno da organização, envolvendo órgãos municipais, estaduais e federais, o que pode levar os negociadores a estabelecerem acordos diretamente, desconsiderando o contexto global que os cerca. Com isso, o estilo ligação cresce muito em importância (53% dos homens e 56% das mulheres), caindo significativamente o estilo persuasão (23% e 20%, respectivamente) nesse tipo de empresa.

No que se refere à faixa etária, é interessante notar que, à medida que aumenta a idade dos executivos, maior é a utilização do estilo ligação e menor a do estilo persuasão. A possível explicação para esse fato é que, ao consolidar sua carreira profissional, o executivo ocupa postos em que sua competência técnica já não está em jogo. O aspecto técnico da negociação normalmente é delegado aos escalões inferiores de sua equipe, cabendo a ele o direcionamento político.

Outro aspecto interessante dessa análise refere-se ao grau de flexibilidade de estilo do negociador; isso é obtido ao se analisar a combinação dos dois primeiros estilos. Combinações mistas (ou seja, compostas por um estilo *push* e um *pull*, em vez de dois estilos do mesmo tipo) demonstram um repertório mais amplo em oposição às combinações puras.

CAPÍTULO 3 | ESTILOS DE NEGOCIAÇÃO

Poucos executivos apresentam postura marcantemente ativa (estilos *push*) nas negociações. A maioria posiciona-se como negociadores receptivos (estilos *pull*), atingindo 39% da amostra. A soma dos estilos mistos (*push-pull* ou *pull-push*) atinge 47% do total de executivos ouvidos.

Evitar a exposição muito franca de suas propostas e argumentos, pautando seu comportamento pelas relações que se vão estabelecendo, é uma tática que pode trazer resultados em situações específicas, mas seu uso constante, entretanto, leva os interlocutores a se sentirem como num campo minado e, possivelmente, a adotarem posturas defensivas por não saberem onde termina a realidade e começa a fantasia.

Uma observação interessante colocada por Marcondes (1993, p. 61) em suas conclusões da pesquisa é a de que as negociações permeiam todas as relações humanas nas organizações, em especial entre chefes e subordinados.

Quanto ao processo decisório na negociação, ao declarar que negociar é decidir, Marcondes afirma que é importante que se compreendam os mecanismos do processo decisório, em especial os elementos que se utilizam normalmente para fazer as escolhas. Segundo ele, uma boa decisão é a que leva em conta e pondera, adequada e simultaneamente, as informações, o contexto, os preconceitos, os sentimentos, os aspectos culturais e os valores em jogo.

3.6 ESTILOS COMPORTAMENTAIS NA REALIDADE BRASILEIRA

A análise das características básicas dos estilos comportamentais na realidade empresarial brasileira assume fundamental importância para identificar os aspectos essenciais em nosso meio. Em uma pesquisa feita entre executivos brasileiros, com um total de 950 profissionais pesquisados, em diferentes empresas e áreas de trabalho, Bergamini (1990, p. 71) examinou o resultado dos estilos gerenciais junto à cúpula organizacional de algumas empresas brasileiras, procurando não só traçar um perfil comportamental dos executivos, mas também comprovar se o nível hierárquico ocupado pelo indivíduo, sua formação acadêmica, idade e sexo eram variáveis a serem levadas em conta em termos de configurações especiais dos diferentes estilos comportamentais.

Apesar de essa pesquisa ter sido feita há muitos anos, as conclusões são interessantes e trazem à tona o importante debate sobre os estilos gerenciais e as áreas de trabalho nas organizações.

Dessa maneira, dentre as conclusões salientadas por Bergamini (1990), fazendo referência à classificação LIFO apresentada na seção 3.4, podem-se destacar as seguintes:

1. Quanto à frequência do primeiro estilo, conforme as diferentes áreas de atividade da empresa (em condições habituais de desempenho, isto é, sem pressão):

   ■ Nas áreas de Pesquisa e Desenvolvimento, Recursos Humanos, Administração e Comercial, predomina o estilo "Dá e Apoia", embora com percentuais diferentes, sendo normalmente o estilo "Toma e Controla" o segundo a estar mais presente.

- Nas áreas de Finanças, Produção e Geral, predomina o estilo "Toma e Controla", vindo a seguir, em geral, o estilo "Dá e Apoia".
- O estilo "Adapta e Negocia" é sempre o menos presente em todas as áreas.

2. Já no que se refere às condições de trabalho sob pressão, quanto ao aparecimento do primeiro estilo, tem-se:

- Nas áreas de Pesquisa e Desenvolvimento, Finanças e Geral, predomina o estilo "Mantém e Conserva".
- Nas áreas de Recursos Humanos, Administração, Comercial, Produção e Geral, prevalece o estilo "Toma e Controla" (na área Geral, empatado com o estilo "Mantém e Conserva").
- Estilo "Dá e Apoia" deixa de prevalecer em todas as áreas, passando a ser o segundo em algumas áreas e apenas o terceiro em outras.

A partir desses dados, Bergamini (1990) conclui que existe forte dependência entre estilos comportamentais em situações habituais e áreas de trabalho (isso pode ser entendido como a aceitação da hipótese de que pessoas com estilos diferentes trabalham em áreas diferentes). Já em situações de pressão, embora mudem as preferências pelos estilos, também se pode concluir que existe dependência entre estilo comportamental e área de trabalho.

No entanto, no que se refere ao percentual de executivos brasileiros (segundo essa pesquisa) que se apoiam predominantemente em um estilo, temos que, em condições normais, o primeiro estilo tende a ser o "Dá e Apoia", o segundo o "Toma e Controla", em terceiro o "Mantém e Conserva" e, por último, aparece o "Adapta e Negocia". Já em situações de pressão, aparece o "Mantém e Conserva" em primeiro lugar, seguido pelo "Toma e Controla", passando o "Dá e Apoia" ao terceiro lugar e permanecendo o "Adapta e Negocia" como o estilo menos preferido.

Bergamini (1990) conclui, a respeito dos dados comentados, que, nas organizações brasileiras, a identidade com o grupo é muito mais importante do que a própria competência técnica. Isso é comprovado pelo alto índice de executivos de estilo "Dá e Apoia" nas empresas brasileiras. Por outro lado, a alta frequência do "Toma e Controla" como segundo estilo nas organizações mostra que o espírito predominante deve ser o de se fazer tudo por uma pessoa, desde que ela esteja disposta a trabalhar em busca de objetivos estabelecidos por outra pessoa (o que demonstra certa visão de autoridade e hierarquia nas empresas).

O fato de ocorrer a inversão do estilo "Mantém e Conserva", passando de terceiro a primeiro estilo em situações de pressão, mostra que um tipo de conduta diante de normas e procedimentos que dê margem a se retroceder, para arranjar outra forma de resolver o problema de maneira conservadora, é apreciado nas empresas nessas situações de pressão. Já o fato de o estilo "Adapta e Negocia" ser a força negligenciada em ambas as situações mostra que se acaba criando um clima no qual dificilmente se concede, vivendo-se desnecessariamente situações tensas no relacionamento interpessoal, pelo fato de não ser percebido o ponto de vista do outro com facilidade.

IMPORTANTE

Estilos *versus* nível hierárquico na empresa

No que se refere à comparação entre os estilos (primeiro estilo) e o nível hierárquico na empresa, nota-se que, no nível da Presidência, há um predomínio absoluto de estilos "Toma e Controla"; já no nível de Direção e Gerência, existe concentração também do estilo "Toma e Controla", aparecendo, porém, o "Dá e Apoia" como segundo estilo, com uma concentração muito próxima daquela do primeiro estilo. Nos escalões de chefia, *staff* e outros, o "Dá e Apoia" passa a ser o primeiro estilo, ficando o "Toma e Controla" como segundo. O estilo "Adapta e Negocia" é, em todos os casos, o último na preferência e na utilização dos executivos da amostra pesquisada.

Um aspecto que se nota claramente é que, à medida que se desce na hierarquia da empresa, os estilos "Dá e Apoia" e "Adapta e Negocia" ganham em importância, mostrando, assim, maior preocupação com a ênfase nas pessoas que caracteriza esses dois estilos. Por outro lado, há um esfriamento muito grande desses dois estilos nos níveis de Direção e, principalmente, na Presidência. Esse dado parece demonstrar a preocupação desses dois últimos níveis, muito preocupados em comandar a empresa de forma objetiva e tão fria quanto possível, cumprindo as metas e atingindo os objetivos organizacionais.

Já a grande importância do estilo "Dá e Apoia" entre os níveis de chefia pode mostrar a existência de certa postura paternalista no tratamento entre chefes e subordinados nas organizações brasileiras.

Estilo comportamental em relação à escolaridade

Quando se comparam os estilos com a escolaridade dos executivos, nota-se que, em relação aos administradores e engenheiros, predomina o estilo "Toma e Controla", ficando o "Dá e Apoia" como segundo estilo. Em relação aos demais profissionais (economistas, psicólogos, advogados, assistentes sociais, médicos, técnicos de nível médio e outros), há o predomínio do estilo "Dá e Apoia", com o "Toma e Controla" sempre como segundo estilo mais forte e o "Adapta e Negocia" novamente como o estilo negligenciado.

Os dados fornecidos pela amostra, porém, levam à conclusão de que o estilo comportamental e o tipo de formação não possuem relação formal nenhuma, embora haja concentrações um pouco maiores em algumas formações. Contudo, estatisticamente, não é possível dizer que existe relação estreita entre ambos com um nível de significância alto.

Já em situações de pressão, surgem algumas alterações nesses dados. Os administradores continuam tendo o estilo "Toma e controla" como aquele que predomina, porém o "Mantém e Conserva" passa ser o segundo estilo, ficando o "Dá e Apoia" como o terceiro nas preferências. Já entre os engenheiros, o "Mantém e Conserva" chega a assumir o primeiro posto, com o "Toma e Controla" em segundo e o "Dá e Apoia" em terceiro. O estilo "Mantém e Conserva" predomina também entre os economistas e técnicos de nível médio – embora, neste caso, com uma diferença muito pequena em relação aos estilos "Toma e Controla" (segundo) e "Mantém e Conserva" (terceiro estilo preferido). Entre os psicólogos, assistentes sociais e outros, predomina o estilo "Toma e Controla", enquanto entre os advogados há um empate entre "Dá e Apoia" e "Toma e Controla". Apenas entre os médicos é que há o predomínio do estilo "Dá e Apoia", embora com uma amostra muito pequena de profissionais (apenas 10 nessa categoria).

Dependência entre estilos e faixa etária

Quanto à comparação entre estilos e faixa etária, nota-se que entre os mais jovens (até 29 anos) existe predomínio do estilo "Toma e Controla", ficando o "Dá e Apoia" em segundo (bastante próximo), o "Mantém e Conserva" em terceiro (com uma distância grande) e o "Adapta e Negocia" como o último estilo, bem longe dos demais. Entre 30 e 49 anos, há o predomínio do "Dá e Apoia", porém com o "Toma e Controla" muito próximo, mantendo os outros dois estilos suas posições. Curiosamente, acima de 50 anos, o estilo "Toma e Controla" volta a prevalecer, com o "Dá e Apoia" em segundo (porém com uma amostra relativamente pequena: 37 pessoas do total de 950 pesquisados).

Em situações de pressão, a situação muda radicalmente. Apenas até 25 anos prevalece o estilo "Toma e Controla" (com o "Dá e Apoia" em segundo e o "Mantém e Conserva" em terceiro). Entre 25 e 29 anos, prevalece o "Mantém e Conserva", porém com o "Toma e Controla" praticamente empatado. Já entre 30 e 34 anos, volta a prevalecer o "Toma e Controla", com o "Mantém e Conserva" em segundo (com diferença muito pequena). Entre 35 e 39 anos, a situação volta a inverter-se (com o "Mantém e Conserva" como o primeiro estilo), havendo outra inversão entre 40 e 44 anos (outra vez, o "Toma e Controla" como o principal estilo), enquanto de 45 anos em diante volta a prevalecer o estilo "Mantém e Conserva".

Relação entre estilo gerencial e gênero

No que se refere ao gênero dos profissionais pesquisados, nota-se que existe equilíbrio muito grande entre os estilos "Dá e Apoia" e "Toma e Controla", tanto entre os homens como entre as mulheres. As pequenas diferenças a favor do estilo "Dá e Apoia" (no caso dos homens) e "Toma e Controla" (quando se trata das mulheres) não são estatisticamente significativas. Já quanto ao estilo "Mantém e Conserva", nota-se que o mesmo assume importância muito maior entre as mulheres (embora seja o terceiro estilo em ambos os casos), pois representa 24 pessoas da amostra feminina (enquanto na masculina responde por apenas 17 dos casos). O estilo "Adapta e Negocia" está presente em apenas cinco pessoas da amostra masculina e seis da feminina, ressaltando mais uma vez o quanto tem sido negligenciado pelos executivos das organizações brasileiras.

Em situações de pressão, porém, embora continue havendo equilíbrio muito grande entre as mulheres em relação aos estilos "Dá e Apoia" e "Toma e Controla" (com uma diferença grande em relação ao "Mantém e Conserva"), no caso dos homens o estilo "Mantém e Conserva" é que assume a primeira posição, ficando responsável por 37 pessoas da amostra (ou seja, mais do que o dobro em relação à situação de desempenho normal). É interessante mostrar, ainda, que o estilo

"Toma e Controla" passa a representar um percentual bem maior do que o "Dá e Apoia" (34% contra 25%). Pode-se destacar, ainda, que o estilo "Adapta e Negocia" passa a ser ainda menos representativo em situações de pressão, tanto na amostra masculina, com 4% dos casos, como na feminina, na qual é responsável por apenas 5% das pessoas.

Com isso, nota-se que o aumento significativo na amostra masculina dos estilos "Toma e Controla" e, principalmente, "Mantém e Conserva", quando em situações de pressão, pode representar grande esfriamento no relacionamento interpessoal, passando-se a dar ênfase muito maior aos objetivos organizacionais (ênfase em tarefas), ao contrário daquilo que acontece no caso das mulheres, que basicamente mantêm seu estilo gerencial e sua conduta.

Os resultados interessantes levantados levam-nos a pensar em efetuar novas pesquisas nessa linha, visto o fato de conter informações relativamente antigas, porém extremamente representativas, que abrem horizontes para várias outras pesquisas possíveis sobre estilos gerenciais nas organizações brasileiras. A importância desses estilos gerenciais, bem como as várias facetas possíveis e os diferentes aspectos que podem ser estudados e pesquisados mostram o vasto campo a ser explorado.

RESUMO EXECUTIVO

- Existem vários estudos para classificar os estilos dos negociadores, buscando avaliar seu comportamento frente às negociações, por isso não vamos encontrar uma classificação única.
- Identificar o seu estilo primário é importante, pois faz com que o negociador reflita sobre os prós e contras de seu comportamento e se prepare melhor para uma negociação, não deixando ao acaso.
- É importante conhecer, ainda, o estilo do oponente, bem como suas táticas para planejar a negociação, para que o negociador tenha ciência de como agir.
- Deve-se destacar, também, que poderá haver mudança do estilo primário para um estilo secundário, ou, como alguns autores tratam, do estilo de frente para outro estilo.
- A importante flexibilidade do negociador e as constantes mudanças ambientais nos fazem refletir que o bom negociador deve buscar um estilo adaptativo. Assim, deverá avaliar: Em qual situação de negociação eu me encontro? Quem é (são) o(s) oponente(s)? Quais as variáveis básicas (tempo, poder e informação)? E deverá adaptar-se visando à formação de um acordo, lembrando sempre de ganhos mútuos para formação de parcerias de longo prazo.

NEGOCIAÇÃO E SOLUÇÃO DE CONFLITOS

- Os estilos mencionados no capítulo foram comparados em um quadro, buscando semelhanças entre as classificações abordadas.

Autor	Estilo dos negociadores			
Sparks	Restritivo	Amigável	Evasivo	Confrontador
Gottschalk (*)	Duro	Caloroso	Dos Números	Negociador
Atkins e Katcher	Toma e Controla	Dá e Apoia	Mantém e Conserva	Adapta e Negocia
Marcondes	Afirmação	Ligação ou Atração (*)	Persuasão	Destensão

* Os autores do quadro não colocaram Gottschalk e, ao abordar Marcondes, separaram o estilo "atração".

Fonte: Adaptado de Caldana *et al.* (2012).

USO DOS ESTILOS NA SOLUÇÃO DE CONFLITOS

4

OBJETIVOS DE APRENDIZAGEM	■ Apresentar o uso dos estilos na solução de conflitos. ■ Abordar classificações específicas usadas na solução de conflitos. ■ Apresentar o *Dual Concern Model* aplicado à definição de estilos. ■ Esclarecer o uso dos diversos estilos e benefícios na resolução de conflitos bem-sucedida. ■ Destacar a importância da visão de mundo na solução de conflitos.

4.1 ABORDAGEM INICIAL

Este capítulo tem o objetivo de apresentar o uso dos estilos na solução de conflitos. Conforme já abordado no início do livro, os conflitos são frequentes e muito presentes nas organizações. Assim, compreender os estilos na solução de conflitos é de fundamental importância para o dia a dia das atividades em uma empresa. Há vários aspectos, porém, extremamente relevantes que devem ser ponderados a esse respeito.

Em primeiro lugar, deve-se considerar que não é imprescindível que as pessoas saibam exatamente qual é seu estilo de ação, mesmo porque há várias classificações diferentes, segundo enfoques de diversos autores, tanto no contexto de estilos para negociação quanto no contexto de estilos na solução de conflitos. Além disso, como já foi tratado no capítulo anterior, uma pessoa não se enquadra exatamente em um único estilo, mas possui um estilo mais forte (ou primário), e apresenta componentes adicionais de um ou mais dos outros estilos existentes. Essa afirmação vale para os estilos usados na negociação, bem como na solução de conflitos. Foi visto também que, em condições de pressão, as pessoas tendem a mudar o seu estilo ou, pelo menos, a composição dos diferentes estilos em sua conduta.

Entretanto, se não é obrigatório que a pessoa conheça seu estilo, o fato de o conhecer pode se tornar um diferencial, em termos de entender e prever melhor seu comportamento, bem como planejar uma negociação visando à solução de um conflito. Além disso, conseguir identificar, pelo menos parcialmente, o estilo de ação dos outros envolvidos no conflito pode se constituir em um ponto muito importante ao longo da negociação, em termos de antecipar reações e atos das outras pessoas.

A consciência de que as pessoas não têm um único estilo e podem mudar a sua maneira de agir em função das circunstâncias, além de alterar total ou parcialmente o estilo ao longo da negociação, também é fundamental para o entendimento do processo de solução de conflitos.

Dessa forma, da própria diferença de estilos entre os negociadores podem surgir conflitos adicionais, não previsíveis em um primeiro momento. Nesse cenário, a utilização das técnicas de negociação pode ser fundamental para a solução dos impasses. Assim, separar as pessoas do problema, concentrar-se nos interesses e não nas posições, buscar opções de ganhos mútuos e tentar estabelecer critérios objetivos, conforme abordado no Capítulo 1 fazendo referência aos autores Ury, Fisher e Patton (2018), pode ser fundamental para a solução dos conflitos existentes.

Deve-se ter em mente que as diferenças de estilos podem se constituir na origem de novos conflitos, mas também o fato de as pessoas terem estilos diversos pode ser um ponto fundamental para resolver impasses, à medida que analisam o problema de pontos de vista diferentes, e essas visões podem ser complementares, facilitando a solução do conflito.

Mais uma vez, sente-se a importância da flexibilidade dos negociadores para lidar melhor com as várias possibilidades de solução dos conflitos existentes, principalmente nos casos em que os estilos são significativamente diferentes. É importante ressaltar que essa flexibilidade é fundamental para evitar tumultos, barreiras e restrições à comunicação.

Outro aspecto a ser destacado refere-se ao fato de que, embora alguns tipos de conflito possam ser característicos de alguns estilos, na verdade, não há uma predeterminação que fixe ou restrinja a mistura dos conflitos dentro dos estilos.

4.2 ESTILOS NA SOLUÇÃO DE CONFLITOS

Alguns autores trazem uma classificação específica de estilos para serem usados ao lidar com os conflitos. Assim, optou-se neste capítulo por dar destaque a essa classificação tendo em vista o foco do livro. Evidentemente, o estilo adequado para lidar com um conflito depende da pessoa, do momento, da situação de conflito e do estilo da outra parte envolvida.

Thomas e Kilmann (*apud* HODGSON, 1996, p. 214) apresentam alguns estilos que podem ser apropriados, dependendo das circunstâncias do conflito e dos resultados pretendidos. Eles dividem os estilos em confrontadores e não confrontadores, por um lado, e cooperativos e não cooperativos, de outro lado, usando duas dimensões.

Dessa classificação surgem cinco estilos diferentes: dois confrontadores (contestador e colaborativo), dois não confrontadores (o da retirada e o da aceitação), dois estilos cooperativos (o colaborativo e o da aceitação), dois não cooperativos (contestação e retirada) e, no centro, como um estilo mais equilibrado, tem-se o estilo do compromisso, que consegue equilibrar simultaneamente os dois aspectos ponderados. A Figura 4.1 esquematiza os estilos para lidar com os conflitos.

CAPÍTULO 4 | USO DOS ESTILOS NA SOLUÇÃO DE CONFLITOS

Figura 4.1 Estilos para lidar com os conflitos.

Fonte: HODGSON (1996, p. 215).

Visando explicitar o que os autores pretendiam esclarecer ao usar tal classificação, a seguir são descritos os estilos a partir de Hodgson (1996):

Estilo contestador

Esse estilo é confrontador, porém é não cooperativo, sendo indicado quando se exigem ações decisivas e rápidas, como emergências, ou quando questões muito importantes exigem uma linha de ação que não seja popular (tais como ações tomadas pelos dirigentes que possuem o poder e o utilizam contra os interesses das pessoas envolvidas no processo).

Esse estilo e essa opção de encaminhamento do problema só devem ser utilizados quando não for possível incorporar ao processo outros pontos de vista que possam ajudar e enriquecer o processo de tomada de decisão.

Estilo colaborativo

Trata-se de um estilo ao mesmo tempo confrontador e cooperativo, apropriado quando é muito importante encontrar uma solução na qual os dois conjuntos de interesses são tão importantes que deve haver um compromisso com eles, ou quando é necessário ganhar comprometimento por meio da incorporação de um diferente número de visões em uma decisão.

Esse estilo exige grande tempo e esforços; assim, não é apropriado para questões que são triviais ou não importantes. Esse é o estilo que se aproxima mais do enfoque de solução de problemas na negociação.

Estilo do compromisso

Esse estilo situa-se no meio de todos os outros, possuindo alguns elementos de cada um deles. É indicado quando os objetivos têm importância relativa, porém não tão vitais que justifiquem métodos com maior confronto, ou quando as pressões de tempo exigem que se chegue a uma solução oportuna. Nesse caso, normalmente, nenhuma das partes envolvidas está totalmente satisfeita com os resultados, porém ambas estão preparadas para conviver com essa nova situação.

Embora este estilo certamente envolva alguma negociação e barganha, ele poderá caracterizar-se como uma rápida troca de concessões, muito mais do que conduzir a uma solução que satisfaça às necessidades de ambas as partes.

Estilo da retirada

Sendo um estilo tanto não confrontador quanto não cooperativo, tende a ser apropriado quando a questão é trivial ou quando o benefício de não enfrentar um conflito pode prevalecer sobre o benefício de resolvê-lo.

Além disso, quando a questão envolvida é tal que se tem baixo poder e na qual não se veem muitas chances de satisfazer aos próprios interesses ou de conseguir alguma mudança significativa, como questões de interesse nacional, de toda uma comunidade ou, ainda, de interesse de toda a empresa, que se choquem com os interesses pessoais, então pode ser mais adequado simplesmente evitar o conflito, retirando-se dele, para evitar que os prejuízos sejam maiores ao permanecer nele.

Estilo da aceitação

Trata-se de um estilo não confrontador, porém cooperativo, que pode ser indicado quando se identifica que se está errado, ou quando a questão é muito mais importante para o outro lado envolvido no conflito, ou quando se pretende obter crédito para uma situação futura.

Isso significa obter uma saída para necessidades, demandas e desejos da outra parte envolvida e, embora seja totalmente adequado para determinadas situações, tende a ser um estilo que é utilizado em excesso por algumas pessoas e subutilizado por outras.

4.3 A ABORDAGEM DOS ESTILOS ASSOCIADA AO *DUAL CONCERN MODEL*

É importante esclarecer que essa classificação apresentada está associada ao *Dual Concern Model* (Modelo de Duas Dimensões) de Blake e Mouton (1975), conforme explica Prado (2016), destacando ainda que grande parte das teorias dos modelos de estilos para gerenciamento de conflitos apresentam essa associação.

Prado (2016, p. 140) reforça seu argumento embasado por Ma, Lee e Yu (2008), esclarecendo que a "teoria do *dual-concern model* mostra que o estilo de gestão de um conflito está associado à preocupação que uma pessoa tem consigo e com o outro lado, variando de um nível alto e baixo, derivando cinco abordagens diferentes".

O autor continua ressaltando que os estilos mais usados são: "integração, evitação, colaboração, dominação e compromisso" (PRADO, 2016, p. 140). Usa tal afirmação fazendo referência a Ma, Lee e Yu (2008), que destacam essa visão dos cinco estilos como a mais aceita. Cita, ainda, Van de Vliert e Kabanoff (1990), que afirmam que as cinco estruturas que partiram do *Grid Gerencial* são muito usadas para classificar os estilos de comportamentos e gestão de conflitos. Para Van de Vliert e Kabanoff (1990), o *Management of Differences Exercise* (MODE), de Thomas e Kilmann, e o *Rahim Organizational Conflict Inventory* (ROCI), de Rahim, são os questionários mais conhecidos, construídos a partir da teoria das duas dimensões do *Grid Gerencial* para que as pessoas identifiquem seus estilos (PRADO, 2016).

Ao buscar informações atualizadas acerca do modelo de Thomas e Kilmann, identificou-se o seu relatório disponível *on-line*, datado de 2008, no *site Kilmann Diagnostics*, uma organização de *e-learning* dedicada a resolver conflitos em todo o mundo (KILMANN DIAGNOSTICS, 2019).

O instrumento *Thomas-Kilmann Conflict Mode Instrument*, conhecido como TKI (THOMAS-KILMANN, 2008), avalia o comportamento do indivíduo submetido a uma situação de conflito, isto é, situações em que as preocupações das pessoas envolvidas no conflito são incompatíveis.

O relatório presente no *site* (THOMAS-KILMANN, 2008) apresenta os mesmos cinco comportamentos já descritos por Hodgson (1996) em um *Grid Gerencial* usando o Modelo de Duas Dimensões, conforme a Figura 4.2.

Na análise da figura, evidenciam-se as duas dimensões propostas: (1) a assertividade, a medida que o indivíduo procura satisfazer seus próprios interesses, e (2) a cooperação, até que ponto o indivíduo busca satisfazer os interesses da outra pessoa (THOMAS-KILMANN, 2008).

Figura 4.2 Os cinco modos de tratamento de conflito.
Fonte: THOMAS-KILMANN (2008, p. 2).

Verifica-se, portanto, no relatório Thomas-Kilmann (2008), a mesma abordagem exposta no início do capítulo, mas com outra nomenclatura em algumas categorias. Optou-se, contudo, por descrever novamente os comportamentos a partir do exposto no relatório visando agregar mais informação ao tema.

Estilo de competição

Esse estilo foi inicialmente apresentado como contestador. Verifica-se que esse comportamento combina assertividade com falta de cooperação, sendo orientado pelo poder.

Ao competir, persegue seus próprios interesses às custas da outra pessoa, usando qualquer poder para ganhar posição. Competir significa defender seus direitos, sua posição, ou vencer. Seu comprometimento é com seus objetivos, e não com o oponente.

Estilo de colaboração

Esse comportamento combina assertividade e cooperação. Ao colaborar, o indivíduo trabalha com a outra pessoa de maneira conjunta para encontrar uma solução que satisfaça ambos os lados. Dessa forma, o colaborativo busca aprofundar uma questão para identificar as preocupações subjacentes de ambos e encontrar uma alternativa satisfatória. Ao buscar a colaboração, as partes envolvidas no conflito podem aprender com as ideias uns dos outros, resolvendo algumas condições, ou ao se confrontar tentariam encontrar uma solução criativa para equacionar o conflito.

Estilo do compromisso

O estilo do compromisso representa um ponto intermediário entre a assertividade e a cooperação. O objetivo é encontrar uma solução conveniente e mutuamente aceitável que satisfaça as partes, o que pode significar dividir a diferença, trocar concessões ou buscar um meio-termo rápido. O estilo do compromisso estabelece em um meio-termo entre competir e acomodar, tratando uma questão mais diretamente do que evitar, mas não explora com tanta profundidade quanto na colaboração.

Estilo de evitar

O estilo de evitar é pouco assertivo e não cooperativo. Na classificação inicial apresentada, foi denominado "estilo da retirada", focando o afastamento e o não envolvimento. Ao evitar, em um contexto de solução de conflitos, o indivíduo não busca seus interesses, muito menos do oponente. A pessoa que se comporta assim não aborda o conflito. Esse comportamento pode ser evidenciado ao se evitar diplomaticamente um problema, ou ao adiar a abordagem do problema até encontrar um momento melhor, ou, simplesmente, ao se retirar de uma situação ameaçadora.

Estilo de acomodar

A acomodação é um comportamento que envolve pouca assertividade, contudo há cooperação. Ao se acomodar, o indivíduo negligencia seus próprios interesses para satisfazer os interesses do oponente. Na abordagem apresentada no início do capítulo, foi chamado de "estilo da aceitação". Verifica-se um "autossacrifício" em prol do outro. Nesse estilo de acomodação, pode estar implícita a generosidade ou a caridade altruísta.

4.4 CLASSIFICAÇÃO PROPOSTA POR SHELL

Prado (2016) apresenta em sua tese a classificação em cinco estilos proposta por Shell (2001). Justifica sua opção por essa classificação estar baseada no TKI (com escala validada) e ser uma das abordagens mais usadas para o tema. A nomenclatura usada nessa classificação é a seguinte: competidor, solucionador de problemas, prestativo, evita conflito e transigente.

Competidor

O negociador com estilo competidor gosta de ganhar a partir de um comportamento impositivo. Está disposto a correr riscos, fazer ameaças, blefar, com o objetivo de ter o controle da negociação. Seu comprometimento é com suas metas, e não com o oponente. Esse estilo foi abordado anteriormente como "contestador" ou "competidor".

Solucionador de problemas

O solucionador de problemas é um negociador que busca o "ganha-ganha", agindo de forma criativa, a partir de várias alternativas, apresentando seus interesses claramente à mesa de negociação. Seu modo de agir é baseado na equidade e justiça, tendo dificuldade para competir.

Prestativo

O estilo prestativo, como o próprio nome define, retribui favores e divide ganhos. Tem como foco a resolução dos conflitos, solucionando o problema do oponente. Contudo, não gosta de negociar com partes que querem ganhos exclusivos.

Evita conflito

O negociador com o estilo "evita conflito" não gosta de conflitos interpessoais, muito menos de negociações envolvendo ganhadores e perdedores. Busca desviar de situações que possam se transformar em conflitos, pois prefere não correr riscos. Esse estilo foi anteriormente denominado "estilo da retirada" ou "estilo de evitar".

Transigente

O negociador com estilo transigente tem como principal atributo a conservação de seus relacionamentos, busca acordos equilibrados e baseados em parâmetros justos, é comum dividir a diferença. Busca soluções rápidas, mas sempre pautado na preservação do relacionamento e na justiça.

4.5 USO DOS DIVERSOS ESTILOS E BENEFÍCIOS DA RESOLUÇÃO DE CONFLITOS BEM-SUCEDIDA

Os estilos apresentados estão alicerçados em duas dimensões, confronto e cooperação ou assertividade e cooperação, e são apropriados para certas situações. Deve-se ter em mente que o indivíduo não estará limitado a um estilo exclusivo, contudo algumas pessoas têm comportamentos repetitivos que as categorizam em um estilo com maior frequência.

O ideal é que o negociador seja flexível e consiga se adequar a um estilo conforme o tipo de conflito, dependendo do outro lado envolvido, dos objetivos pretendidos e da importância daquela situação, conforme abordado anteriormente, adaptando-se à situação. Assim, a habilidade de selecionar o estilo mais apropriado para determinada situação significa poder lidar com o conflito de maneira mais rápida e efetiva.

Para que um conflito seja bem resolvido, uma série de pontos torna-se de fundamental importância.

IMPORTANTE

Lewicki *et al.* (1996, p. 176) apresentam "pontos-chave" para a boa solução de um conflito:

- Concentrar-se nos problemas, tocando a questão dos relacionamentos pessoais.
- Admitir e avaliar as diferenças individuais.
- Ser flexível com relação aos pontos de vista e estilo de trabalho da outra parte.
- Aceitar diferenças de opinião e de enfoque, lembrando que há diferenças significativas nos estilos de pensamento.
- Evitar rótulos negativos.
- Focalizar os resultados, e não as posições.

Ainda segundo Lewicki *et al.* (1996), os benefícios de uma resolução de conflito bem-sucedida são:

- O comportamento percebido como negativo é confrontado e resolvido. Isso ajuda as partes a deixarem de lado seus estereótipos e a associação de atributos negativos com base nas diferenças individuais.
- As partes podem aprender sobre as necessidades e os pontos de vista das outras pessoas e entender melhor as razões para seus comportamentos.
- As habilidades de solução de problemas podem ser aperfeiçoadas e as pessoas podem aprender a encontrar soluções criativas.
- Todas as partes podem beneficiar-se melhorando sua compreensão e aperfeiçoando a amizade com outras pessoas. Isso cria confiança, que irá auxiliar em encontros futuros.

Nesse contexto de solução de conflitos, Prado (2016, p. 142) destaca a importância de se considerar a visão de mundo dos negociadores, "que também é influenciada em parte pelo estilo de cada negociador".

A visão de mundo, conhecida na abordagem sistêmica como *Weltanschauung*, foi inicialmente apontada por Martinelli (2002, p. 194) ao apresentar uma proposta de abordagem sistêmica da negociação. O autor destacou que em um processo de negociação deve-se preocupar-se com a visão de mundo dos participantes e também ter capacidade para lidar com as diversas visões de mundo. Ao inserir essa perspectiva sistêmica na abordagem de solução de conflitos, os negociadores devem, além de ter flexibilidade para lidar com os diversos oponentes, ter também a capacidade de visão do todo e adaptabilidade para uma solução efetiva do conflito.

RESUMO EXECUTIVO

- Destacou-se a presença de um estilo preponderante na solução de conflitos a partir das diversas classificações apresentadas, contudo, da mesma forma como ocorre na temática de estilos de negociação, as partes podem mudar de estilo dependendo do conflito, do oponente e das variáveis básicas, entre outras circunstâncias.
- Ao se apresentarem as classificações de estilos na solução de conflitos, verificou-se seu alicerce Modelo de Duas Dimensões (*Dual Concern Model*), de Blake e Mouton. A primeira classificação está embasada nas dimensões confrontador/não confrontador *versus* cooperação/não cooperação, e a segunda, nas dimensões assertivo/não assertivo *versus* cooperação/não cooperação.
- Verificou-se também a importância da validação das classificações por Thomas e Kilmann, abordagem conhecida como TKI.
- Ao contrastar as abordagens apresentadas, observa-se:

Autor	Estilos usados na solução de conflitos				
Hodgson (1996)	Contestador	Colaborativo	Compromisso	Da retirada	Da aceitação
Thomas-Kilmann (2008)	Competição	Colaboração	Compromisso	Evitar	Acomodar
Shell (2001)	Competidor	Solucionador de problemas	Transigente	Evita conflito	Prestativo

- O ideal é que o negociador seja flexível e consiga se adequar a um estilo conforme o tipo de conflito, adaptando-se à situação. Além de atentar-se aos "pontos-chave" apresentados por Lewicki *et al.* (1996), deve-se preocupar com a visão de mundo dos participantes, bem como ter capacidade para lidar com as diversas visões de mundo dos oponentes, conforme esclarece Martinelli (2002).

EXEMPLOS PRÁTICOS DE NEGOCIAÇÃO

5

OBJETIVOS DE APRENDIZAGEM	■ Apresentar exemplos reais de negociação. ■ Promover a aplicação prática dos conceitos desenvolvidos. ■ Estimular a reflexão e o debate por meio de questões sobre os exemplos.

Os exemplos aqui descritos têm o intuito de examinar as negociações ocorridas à luz dos conceitos de negociação ressaltados neste livro. Os casos analisados foram retirados de artigos e trabalhos estudados durante o processo de elaboração do livro e, portanto, não há juízo de valor quanto às atitudes observadas nos exemplos citados. As percepções colocadas ao longo deste capítulo são, pois, apenas baseadas nas informações que foram veiculadas pela imprensa.

EXEMPLO 1: J. WALTER THOMPSON PUBLICIDADE – CASO LUX LUXO

Este exemplo foi extraído de uma das negociações realizadas pela empresa de publicidade J. Walter Thompson com seus clientes. A empresa, que atua no Brasil desde 1929, é responsável por grandes marcas.

A empresa ressalta a importância dos conceitos de negociação, inclusive pelo fato de atuar em um ramo em que a parceria, a habilidade, o estilo, a ética e uma boa finalização das negociações são essenciais, dirimindo possíveis conflitos sem utilizar subterfúgios e truques que denigram o relacionamento cliente-agência, de forma que o ápice da negociação seja alcançado, isto é, um acordo ganha-ganha.

A negociação analisada deu-se com a Unilever,[1] produtora dos sabonetes Lux Luxo e Lux Suave (desde a década de 1960), e envolvia o valor monetário de uma campanha a ser desenvolvida pela agência, já que em 1986 a Unilever perdia participação de mercado nesse segmento.

A redução na participação de mercado ocorria em função do surgimento de novas opções do mesmo produto (sabonete), da perda da imagem do produto de alta qualidade e também do fato de ter ocorrido uma mudança no comportamento feminino a partir da década de 1970, passando da concepção de se tornar uma estrela de cinema para tornar-se uma mulher dinâmica do dia a dia, trabalhadora e lutadora por seu espaço. Então, anteriormente, a estratégia utilizada pela Unilever era a de atrair as

---

[1] À época do caso, Gessy-Lever.

mulheres que queriam consumir o sabonete das grandes estrelas de Hollywood; com a mudança de comportamento, era necessário atrair as mulheres independentes, que saíam de casa para trabalhar, ajudando a construir o mundo igualitário.

A partir de então, a agência de publicidade propôs uma solução criativa de elaborar uma produção de alta qualidade, que iria custar à Unilever US$ 1,2 milhão. Dado que a empresa se dispunha a pagar apenas US$ 400 mil, inicia-se o impasse e surge um conflito.

O projeto ficou parado na área de marketing, embora a empresa quisesse aperfeiçoar sua qualidade. A área de marketing não tinha como levar em frente um projeto que ultrapassava três vezes seu orçamento previsto.

A agência de publicidade envolveu o diretor de atendimento, um nível hierárquico acima do qual se costuma trabalhar nos casos de orçamento, dada a existência do impasse e a importância do fechamento do acordo para a J. Walter Thompson.

O responsável pela agência começou a buscar outros canais de comunicação, procurando explicar ao diretor de marketing que o projeto era ambicioso e invariavelmente precisaria de um investimento adicional, ou seja, a agência buscou o maior número possível de alternativas para o acordo, além de fornecer informações mais detalhadas sobre o trabalho a ser desenvolvido, visando facilitar para a empresa decidir a favor do desenvolvimento do projeto.

As técnicas utilizadas propiciavam que o conflito fosse gerenciado de forma positiva, sem que as posições fossem consideradas e que os interesses fossem satisfeitos. A ação para lidar com o conflito foi a que empurrou a solução, visto que o responsável da agência, assumindo sua autoridade dentro da hierarquia da empresa, buscou novas ideias e definiu ações que iam ao encontro dos objetivos estabelecidos. O conflito litigioso, conforme proposto por Sparks (1992, p. 102), que permite solução ganha-ganha, pode ser considerado característica dessa negociação, pois o ponto negociado era de alta importância para todos os envolvidos.

Vale lembrar que a solução desse conflito litigioso foi integrativa, pois não houve tentativas de dominação, nem mesmo barganha de posições; em vez disso, buscou-se uma solução que atendesse completamente aos interesses das partes. Foi utilizada também a mediação para a solução do conflito. No caso, o diretor de atendimento, que, mesmo não sendo imparcial no processo de negociação, foi imprescindível para que novas visões fossem agregadas à solução do impasse, ajudando a buscar o melhor caminho para o acordo.

Nesse contexto, o estilo característico que permitiu melhor lidar com o conflito foi o colaborativo, estilo que é, ao mesmo tempo, confrontador e cooperativo, apropriado para buscar uma solução na qual os interesses dos envolvidos são muito importantes.

Sob a ótica da classificação de Sparks (1992), o estilo utilizado por esses negociadores foi uma mistura do amigável, visto que houve cooperação das partes na busca do melhor acordo, com o objetivo de manter um bom relacionamento e vislumbrando oportunidades futuras de trabalho, com algumas características do estilo confrontador, no qual a confiança e o controle se combinam para buscar a equidade de um acordo sólido para solucionar os altos interesses envolvidos.

Na classificação de Gottschalk (1974), o estilo utilizado pode ser caracterizado como caloroso, o qual favorece a colaboração, a compreensão, o conhecimento das necessidades e os interesses dos negociadores, ávidos por respostas positivas às negociações, solucionando da melhor maneira possível eventuais conflitos que possam existir.

Assim, o diretor de marketing da Unilever, após conversa com a agência de publicidade para buscar mais informações, fez uma proposta: queria negociar com a produtora a possibilidade de o pagamento ser parcelado em quatro vezes e propôs que a agência abrisse mão de seus honorários, já que recebia 15% sobre o montante pago à produtora.

O critério que o diretor de marketing usou para persuadir a agência a aceitar a proposta foi a questão da repercussão: se fosse boa, geraria mais negócios para a agência. Nesse caso, o diretor soube utilizar sua capacidade persuasiva. Foi estipulado, então, um prazo de 24 horas para que a agência apresentasse uma resposta. Terminado o prazo, a agência tinha uma contraproposta: o custo da produção seria parcelado, só que em dólar, para não haver perda do valor. Além disso, a mesma se disporia a não receber os honorários sobre a produção, mas queria maior investimento em mídia (a agência recebe 20% sobre o valor destinado à mídia).

O resultado do acordo foi a marca reconquistar a liderança de mercado e a agência sair fortalecida, pois a campanha teve muito sucesso e repercussão. Ou seja, consumou-se um acordo ganha-ganha.

A partir de então, é possível detectar a busca pelo melhor meio de se comunicar com o cliente e fazê-lo aceitar o projeto elaborado. A presença nas negociações de um contato de nível superior na hierarquia da agência, algo incomum no processo normal de conversação, define a importância dada pela agência ao cliente. Isso sinalizava à Gessy Lever a necessidade de contar com a agência de publicidade para realizar a campanha, podendo utilizar esse poder de maneira a conseguir o acordo que desejava. É importante ressaltar, entretanto, que esse poder não necessariamente precisa ser usado para prejudicar o oponente, no caso, a agência; o cliente tem o poder de conhecer as necessidades da agência e sabe ponderá-lo para conseguir o melhor acordo para todas as partes.

Outro aspecto importante está relacionado com a reunião realizada entre cliente e agência. O contato permitiu maior integração entre os negociadores, além de proporcionar uma busca por informações requisitadas pelo cliente, tanto a respeito do que seria desenvolvido na campanha, quanto na confirmação do cumprimento ou não do acordo a ser firmado pelos interessados. Ambos souberam ouvir, discutir e armazenar as informações para negociar um acordo melhor.

O tempo também aparece, no caso, como fator imprescindível para a solução da negociação. Vê-se que a agência tem apenas 24 horas para aceitar ou não e fazer uma contraproposta. De certa forma, o pouco tempo pode ter influenciado a decisão da agência (de não receber honorários, por exemplo), sendo que, se dispusesse de um pouco mais de tempo, analisaria melhor a proposta do cliente, podendo ter outra solução.

Entretanto, o acordo foi firmado com satisfação das partes envolvidas: o cliente satisfeito com a recuperação da liderança do produto no mercado e a agência fortificada com o sucesso da campanha. Acima de tudo, permaneceu a possibilidade de futuros contatos para novos negócios, novas negociações, novos projetos, além da possibilidade de os acordos serem como esse, ou seja, ganha-ganha.

A questão da ética, tão considerada pela empresa, deve-se principalmente ao fato de ser uma multinacional, tendo seus padrões de trabalho extremamente rigorosos determinados no exterior; há cobrança de maximização dos resultados dessas negociações e de lucro, como consequência. Isso pode ser visto na empresa por meio da implementação de cursos voltados para a solução de situações conflitantes e impasses, baseados em *The Thompson Way*, sistema de perguntas que busca localizar o cliente no negócio (planejamento, estratégia e *briefing*).

EXEMPLO 1: QUESTÕES

1. Descreva o conflito apresentado no caso e esclareça por que pode ser classificado como litigioso.
2. Quais foram as estratégias usadas pela agência na busca pelo acordo?
3. Apresente alternativas para resolver o conflito entre a empresa e a agência de publicidade.
4. Descreva o estilo de cada uma das partes envolvidas no conflito.
5. Qual foi a solução do conflito? Na sua opinião, as partes alcançaram seus objetivos iniciais? Justifique.

EXEMPLO 2: NEGOCIAÇÃO COMERCIAL INTERNACIONAL – EMPRESA FRATESCHI

Essa negociação enfoca uma transação internacional da empresa Frateschi, produtora de trens elétricos em miniatura para os mercados interno e externo. A negociação era a respeito do valor dos trenzinhos a serem exportados para os Estados Unidos, primeiro cliente de um mercado ainda não atingido pela empresa na época da negociação. Esse cliente comprava um produto parecido de Hong Kong. Contudo, com a valorização do yuan, tornou-se inviável a negociação. Então, o cliente convidou a Frateschi para trabalharem juntos.

Em reunião com o novo cliente, nos EUA, o presidente da empresa Frateschi mostrou a tabela de preços, que não foi bem aceita pelo cliente americano, dizendo ser impraticável um acordo, pois o antigo fornecedor (de Hong Kong) tinha preços menores.

Sem querer perder a viagem, o empresário brasileiro argumentou sobre a diferença de qualidade do produto que produzia e do produto do fornecedor de Hong Kong, que realmente era inferior. Também esclareceu ao novo cliente que não poderia perder tal oportunidade, pois estava ali a possibilidade de aumentar o mercado da empresa e, consequentemente, as vendas, propondo-se, inclusive, a reestruturar o plano de produção para atender à demanda adicional proveniente desse possível acordo e, dentro disso, reavaliar os custos envolvidos, para se determinar o quanto poderia ceder na proposta feita anteriormente.

Retornando aos EUA, durante um almoço informal em um restaurante agradável, com conversa descontraída e em clima de amizade, o empresário apresentou a nova tabela, bem como todo o *know-how* que a empresa possuía para produzir as mercadorias que estavam em negociação.

Ao final do almoço, fornecedor brasileiro e cliente americano fecharam a conta do restaurante e firmaram o acordo sobre o negócio.

Dentro dessa perspectiva, pode-se verificar que os moldes de negociação internacional diferem dos existentes no Brasil. Nesse caso, percebe-se que o americano valoriza a sinceridade de seus fornecedores ou clientes, colocando as cartas na mesa para a conquista da credibilidade, e a certeza de um acordo ganha-ganha, bem como um relacionamento posterior duradouro, que possibilite novas negociações.

Em se tratando do empresário americano, pode-se constatar a utilização do poder do precedente, afinal, o fornecedor de Hong Kong vendia produtos mais baratos. A questão foi resolvida quando o empresário brasileiro citou sua habilidade em produzir produtos parecidos, no entanto, de melhor qualidade (poder da habilidade/especialidade).

A situação informal e descontraída em que a negociação aconteceu também soma favoravelmente para um acordo ganha-ganha, em que se conhece melhor as partes pessoalmente, seus hábitos, maneiras de se comportar, tendo-se a certeza de que realmente é interessante e viável a discussão sobre determinado assunto.

Já para o empresário brasileiro, o bom relacionamento com o cliente, após a negociação, é imprescindível, dando margem a novos negócios e seguindo o raciocínio "o sucesso do meu cliente é meu próprio sucesso".

Isso pode ser retratado no fato de que as partes não participaram efetivamente de um conflito de interesses, mas de uma discussão construtiva sobre o que seria mais interessante para os envolvidos nas questões que estavam sendo negociadas. A discussão de uma melhor alternativa de acordo pode ser caracterizada pela apresentação clara e aberta dos fatos, das impressões e dos interesses de cada um nas negociações.

Assim, negociar com pessoas em alguns países no exterior pode ser bem diferente de negociar com empresários nacionais. Aqueles são extremamente profissionais, entendem as limitações de seus clientes/fornecedores, dão abertura para a exposição de interesses e criação de laços de confiança, enquanto estes são extremamente desconfiados, espertalhões, embrulhões e desejam tirar vantagem sempre que for possível.

De acordo com o empresário brasileiro, o importante em uma negociação com o exterior é "colocar as cartas na mesa", ou seja, expor todos os seus interesses e necessidades. Isso permite confiança por parte do cliente na negociação a ser firmada.

Por isso, o estilo adotado nessa negociação é o amigável, visto que há a preocupação de manter um relacionamento duradouro, com possibilidade de negociações futuras. Os negociadores são simpáticos e cooperativos, utilizam certa diplomacia para buscar soluções efetivas dos interesses. Sob a classificação de Gottschalk (1974), o estilo característico é o caloroso, que tem como aspectos básicos a ênfase nos interesses

NEGOCIAÇÃO E SOLUÇÃO DE CONFLITOS

e metas comuns, o reconhecimento da interdependência, a compreensão dos valores das partes, confiança e disposição para colaborar.

EXEMPLO 2: QUESTÕES

1. Apresente a negociação e o "aparente" conflito de interesses.
2. Após a primeira negativa por parte do comprador americano, qual seria o seu estilo caso você fosse o empresário brasileiro? Esclareça.
3. Qual foi o resultado final dessa negociação? Classifique-o em ganha-ganha ou ganha-perde e justifique.
4. Descreva o estilo do negociador brasileiro no contexto do exemplo apresentado.

EXEMPLO 3: ACORDO DE PAZ NO ORIENTE MÉDIO

O tema desenvolvido neste exemplo é extremamente atual e delicado, pois envolve uma negociação de paz entre países que estão em conflito há anos.

A questão histórica inicia-se com a chegada dos judeus à região da Palestina em 2000 a.C., ocupando-a após vários conflitos. No início da era cristã, os judeus foram expulsos, dispersando-se por várias regiões do Império Romano (diáspora). Mas, mesmo dispersos, tentaram manter suas principais tradições culturais, alimentando a esperança de um dia retornarem à Palestina e formarem novamente uma nação.

Durante o período entre a diáspora e a formação de Israel (1948), a região foi novamente dominada por outros povos, sendo que a maior influência foi a dos árabes. Assim, os judeus exigiam a posse da Palestina com base em seus direitos históricos, o que passou a ser analisado após a Segunda Guerra Mundial, determinando a formação do Estado de Israel, criação esta apoiada pela ONU e impulsionada pelo movimento sionista (imigração judaica para a Palestina).

Os árabes da Palestina reivindicavam a região, embasados em direitos adquiridos em sua longa e contínua ocupação. Em 1931, a população judaica na Palestina era de 175 mil em um total de 1.036.000 pessoas, mas as perseguições nazifascistas na Europa levaram à região mais de 200 mil judeus, número aumentado em 1939 com a Segunda Guerra Mundial, que acirrou as perseguições aos judeus, somando mais 150 mil.

Com essa entrada maciça de judeus e também graças à preocupação mundial com as atrocidades de que foram vítimas, surge um clima favorável à criação do Estado judeu. A ONU propôs, então, um plano de partilha da Palestina: ao Estado judeu (Israel) caberia 56,5% do território e ao Estado árabe, cerca de 42,9%. Para a divisão foram utilizados critérios geográficos, ficando o restante com pequenas colônias locais existentes.

Os árabes sentiram-se lesados e invadiram Israel, levando vantagem num primeiro momento. Tal situação, porém, mudou gradativamente e, no final, os israelenses venceram a disputa, já que o exército árabe era mal coordenado, os judeus lutavam com espírito de uma justa causa e a ajuda da comunidade judaica internacional apoiava o bom desempenho dos mesmos, influenciando todo o envolvimento palestino-israelense.

CAPÍTULO 5 | EXEMPLOS PRÁTICOS DE NEGOCIAÇÃO

Com o fim do conflito, os israelenses tomaram toda a Palestina, deixando os árabes ali residentes sem identidade nacional.

Um conflito decisivo para a relação entre árabes e judeus foi a Guerra dos Seis Dias (em junho de 1967). O Egito pressionava Israel para um possível ataque; Israel atacou de surpresa o Egito, Jordânia e Síria, conquistando áreas como a Faixa de Gaza, Península do Sinai (devolvida mais tarde pelo tratado de Camp David), Cisjordânia, setor oriental de Jerusalém e Colinas de Golan, além de novos territórios árabes, o que significou uma humilhação para os mesmos.

Na verdade, trata-se de uma luta em que cada um dos lados tem razões e justificativas poderosas. Ou seja, os israelenses vivem em Israel porque não existe uma pátria para os judeus em qualquer outro lugar do planeta, enquanto os palestinos estão na Palestina porque é o lugar onde seus ancestrais viveram por mais de mil anos. A questão religiosa tentou transformar o conflito em guerra religiosa ou luta racial; contudo, não passava de uma disputa de propriedade.

Muitos dos governos de Israel não perceberam a gravidade do problema de uma identidade nacional palestina. O movimento palestino agride árabes e judeus ao assumir uma atitude inflexível em relação à identidade nacional israelense. Os palestinos erraram ao presumir o movimento sionista como colonizador; ao contrário, ele era substituidor de mão de obra.

O acordo de paz, cogitado durante meses em segredo, foi anunciado com o reconhecimento mútuo, mas foi no jardim da Casa Branca, em Washington, na presença do anfitrião Bill Clinton, que o "aperto de mão da paz" se deu entre Yitzhak Rabin (primeiro-ministro israelense) e Yasser Arafat, constituindo-se, portanto, em uma reconciliação pública em 13 de setembro de 1993. O encontro foi histórico por aproximar dois inimigos assumidos e também por sua capacidade de modificar, de uma hora para a outra, a visão que o mundo tinha de problemas aparentemente insolúveis. Apesar de os dois só terem se conhecido pessoalmente minutos antes da cerimônia, e estando a apenas cinco metros de distância no Salão Azul da Casa Branca, ambos se ignoraram solenemente.

Rabin, com o acordo, propôs devolver os territórios conquistados na Guerra dos Seis Dias, enquanto Arafat propôs iniciar a retirada israelense por Jericó e por Gaza, deixando o restante para discutir mais tarde.

Para os israelenses, o acordo era ótimo, pois deixava intactas as colônias judaicas nos territórios, preservava o controle das fronteiras e contornava o assunto difícil de Jerusalém, anexada em 1967. Para os palestinos, o acordo estava longe de ser ideal, pois eles queriam a criação do Estado próprio; mesmo assim, o acordo foi comemorado, esperando a gradual, lenta e limitada autonomia Palestina.

Com o desfecho, a Faixa de Gaza e Jericó obtiveram autonomia pelo acordo assinado em 1993, em Washington; pelo decreto assinado por Arafat, líder da Organização para Libertação da Palestina (OLP), os dois territórios devem conformar-se com as leis, regulamentos e disposições vigentes em 1967, antes da Guerra dos Seis Dias. Os palestinos passavam a ter mais liberdade, controlavam os impostos, a educação e a polícia em Gaza e Jericó.

Apesar de tudo, a paz está realmente longe de ser completa, pois há grupos radicais que são contra o acordo de paz. As ideias de que soldados israelenses desobedecem às ordens, o massacre de Hebron, a má interpretação da Bíblia, enfim, ideias e crenças disseminadas afetam a negociação de paz, que se torna custosa e acirra a disputa de vontades. Espera-se, porém, que a paz contagie todos os segmentos da população.

Jerusalém também é mais um ponto de discórdia, afinal Israel atém-se à posição de impedir a OLP de instalar instituições nacionais em Jerusalém, reiterando que a cidade é a capital eterna e indivisível dos judeus. Yitzhak Rabin, primeiro-ministro de Israel, declara que fará tudo o que está escrito na Declaração de Princípios, firmada em setembro de 1993 por Israel e OLP, ou seja, todos os centros de governo de autoridade palestina que dirigem as áreas autônomas (oficialmente desde 17 de maio de 1994) de Gaza e Jericó ficarão em Jericó. E os israelenses posicionados declaram que não irão transformar Jerusalém em uma Berlim; ela continuará sendo a capital unificada de Israel. Parte de Israel está incluída no território israelense (1967), mas a Palestina espera que a cidade passe ao território palestino em futuras negociações. É possível constatar, assim, que a discórdia existe, podendo dificultar o acordo e colocá-lo em risco.

Em uma negociação como essa, pela posse de territórios, que envolve diferenças culturais, religiosas e até interesses políticos, os ataques pessoais acabam sendo inevitáveis. Um episódio que constata tal situação é aquele em que Arafat conclamou os muçulmanos a uma guerra santa por Jerusalém e comparou o acordo de paz a uma antiga trégua entre árabes, violada pouco depois de ser assinada. Movida por um espírito oportunista, uma rádio israelense acrescentou ao comunicado de Arafat trechos que colocavam em dúvida o cumprimento do acordo firmado. Na verdade, Arafat referia-se à trégua assinada em 627 entre Maomé e a tribo inimiga de Meca, esta conquistada pelos muçulmanos, descumprindo o acordo. Isso gerou um precedente muçulmano em termos legais e, de certa forma, insegurança e desconfiança, ainda mais em se tratando de assunto tão antigo, carregado de extrema emoção por ambos os lados.

Analisando essa tumultuada negociação, podem-se detectar pontos importantes. O conflito surge a partir de uma discussão político-religiosa e competição sociocultural na história mundial, devido a diversos fatores: principalmente, a diferença de experiências, crenças e atitudes de cada uma das partes; a forma diferente como cada lado recebe as informações a respeito do oponente, modificada de geração para geração, de acordo com suas origens; a forma com que cada parte se atém a sua posição, defendendo-a, dificultando acordos mais favoráveis, embora algumas vezes fazendo concessões para obter uma solução de compromisso, empenhando-se numa barganha posicional.

Essas características indicam um conflito de solução paradoxal, ou melhor, conflito de solubilidade questionável, pois o impasse está relacionado com algum ponto não examinado claramente, visto que, no caso, a disputa era muito mais do que cultural ou política, mas também geográfica. Apesar disso, o enfoque para tentar solucionar o problema é o da conquista, que procura derrotar o outro lado, fazendo valer o uso do poder coercitivo, da dominação e da batalha para manejar as negociações e os

CAPÍTULO 5 | EXEMPLOS PRÁTICOS DE NEGOCIAÇÃO

relacionamentos. Foi utilizada também a ajuda de um mediador, Bill Clinton, presidente dos EUA, que ajudou a buscar o melhor caminho da paz no Oriente.

Nesse contexto, o estilo que marca o processo de negociação é o restritivo, visto que as partes envolvidas supõem que o acordo deve ser forçado, sendo o único resultado possível a vitória de uma das partes.

Vale lembrar que o estilo utilizado pelos negociadores sofre influências culturais de seus "povos", e cada um à sua maneira responde às barreiras impostas pelo outro lado, discute a seu modo as opções de acordo e convenciona conforme seus valores e ideais qual ataque deve ser implementado para atingir o objetivo original. Nesse caso, tanto palestinos como israelenses determinaram, conforme sua cultura, a maneira de se portarem no processo de negociação.

Os padrões éticos e morais passados desde a infância pela família e pela educação recebida, diferentemente para cada um, devem ser respeitados em qualquer tipo de negociação (poder da moralidade); isso facilitará o acordo no sentido de obtê-lo de maneira adequada para todos os envolvidos (poder do investimento). Nesse caso não foram utilizados, porém, padrões éticos e morais.

O fato de Israel ter poderio bélico superior ao dos palestinos determina-lhe uma posição favorável (poder de posição).

O poder de precedência está intimamente ligado ao relacionamento das partes diante dos fatores históricos, éticos e culturais. Prova disso é a insegurança dos israelenses com relação ao cumprimento do acordo de paz, embasados na violação do acordo por parte de Maomé, no qual ele invadiu Meca em 627. É com base em preceitos bíblicos que o poder aqui utilizado também está baseado, poder da legitimidade do que está escrito sobre a terra prometida aos judeus.

As necessidades claramente declaradas, como o desejo de posse da terra, e as não verbalizadas, como hábitos, valores, crenças religiosas, determinam a importância de se conhecerem os verdadeiros interesses de cada lado, evitando-se desconforto e favorecendo melhores resultados na busca de um acordo sensato.

O poder de punição tem sido frequentemente utilizado na questão palestina, dada a perseguição dos próprios palestinos a seus conterrâneos acusados de ajudarem alguns israelenses.

O compromisso dos líderes com seus seguidores, no cumprimento de negociação de interesses favoráveis, determina o poder do compromisso. Isso pode, nesse caso, atrapalhar as negociações, pois os líderes temem represálias caso assumam uma postura mais concessiva. Há, também, a questão da identificação entre povo e líder, favorecida pelas mesmas questões sociais, culturais e religiosas. Contudo, o poder do compromisso não foi utilizado por esses negociadores, pois não consideram as facções contrárias dentro do próprio grupo.

A importância do tempo consiste em palestinos e judeus compreenderem a forma gradual e lenta com que o acordo será concretizado, sem exigir atitudes radicais, imediatistas, que poderiam minar e enfraquecer o que foi conseguido até o momento.

O importante a ser feito pelos negociadores é separar as pessoas dos problemas, pois só assim conseguirão um acordo sensato, eficiente e "amigável". Ser afável com as pessoas e áspero com os problemas é uma questão importante, que deve ser seguida sempre.

Quanto à comunicação, precária, tanto árabes como israelenses não permitiam que ambos se conhecessem bem, sentiam-se hostis e desconfiados uns dos outros. Em vez de se conhecerem e darem um passo mais construtivo, induzem o resto do mundo a tomar partido. A comunicação entre as partes é praticamente impossível quando cada um, Arafat e Rabin, age para ajudar uma plateia, e não para buscar resolver o problema entre eles.

Como foi visto, o acordo só foi possível na presença de um terceiro, Bill Clinton, ou seja, pacificador e mediador, que deslocou a barganha posicional para a negociação baseada em princípios. O intermediador preparou anteprojetos sem favorecer um dos lados, procurando solicitar opiniões e críticas, a fim de aperfeiçoá-lo, até que se obtivesse o acordo ideal.

Interessante verificar a importância da negociação em fatos tão atuais e realísticos como este, que permite observar as várias visões e versões dos envolvidos, indiferentes a um ou outro momento. Observar também que a história pode tomar rumos diferentes, conforme as ações tomadas no curso da negociação; afinal ela é dinâmica, e o que ocorre hoje pode não ocorrer futuramente, mas pode influenciar circunstâncias futuras.

EXEMPLO 3: QUESTÕES

1. Descreva a situação conflituosa à época do acordo de paz e nos dias atuais. Quais são as suas constatações acerca do conflito?
2. Por que esse conflito é paradoxal? Justifique.
3. Quais são os estilos das autoridades à época da assinatura do acordo em 1993? E quais os estilos das autoridades envolvidas na questão atualmente?
4. Analise a presença das variáveis básicas à época da assinatura do acordo.
5. Por que o aperto de mão entre as autoridades israelense e palestina, sob o olhar do ex-presidente americano, tornou-se umas das imagens mais icônicas do fim do século XX?

EXEMPLO 4: TRATADO DE CAMP DAVID

O Tratado de Camp David é mais um dos exemplos que comprovam a eficácia dos instrumentos de negociação, visto que o ser humano, mesmo que assuma uma filosofia autoritária de vida, terá, em algum momento, que recorrer à negociação para a consecução de seus interesses.

Toda a questão da rivalidade entre judeus e palestinos culminou nesse tratado histórico, desenhado pelo então presidente dos EUA, Jimmy Carter, intervindo nos atritos ocorridos.

Durante a Primeira Guerra Mundial, grupos sionistas ofereceram ajuda aos aliados em troca do apoio do governo inglês na criação da pátria para os judeus, na Palestina. No final da guerra, a Liga das Nações outorgou um mandato ao governo inglês,

CAPÍTULO 5 | EXEMPLOS PRÁTICOS DE NEGOCIAÇÃO

que administrava a região, para que se criassem condições favoráveis à imigração e fixação dos judeus naquele território, não se podendo afetar direitos civis e religiosos das nações não judias da região.

Com a ascensão dos nazistas na década de 1930, o número de judeus que imigraram para a Palestina aumentou consideravelmente, bem como os choques entre judeus e árabes, que já habitavam a região anteriormente. A criação do Estado de Israel em 1948, concretizando o sonho dos judeus, provocou a Questão Palestina (fuga, para países vizinhos, dos árabes que ocupavam a região) e a oposição dos países árabes que cercavam o recém-criado Estado.

A insatisfação dos árabes gerou ataques militares a Israel, tanto de egípcios, jordanianos e iraquianos quanto de sírios e libaneses. Contudo, foram obrigados a recuar ante a supereficiência da Força de Defesa de Israel, que expulsou os inimigos, ocupando também alguns territórios, devolvidos mais tarde devido a pressões inglesas.

Um boicote no sistema de escoamento da produção de Israel foi feito pelo Egito, que fechou o Canal de Suez para os navios de bandeira israelense, bloqueando o Estreito de Tiran. Israel, acobertado por França e Inglaterra, ocupa, então, o Canal de Suez, com a desculpa de recuperar guerrilheiros palestinos que atacavam os povoados israelenses na fronteira. Os israelenses ocuparam também o Sinai, mas retrocederam em virtude de determinação da ONU; em troca, teriam a desocupação militar do Estreito de Tiran e desobstrução do Canal de Suez.

Não obstante as forças de paz da ONU e a relativa trégua que elas trouxeram, as escaramuças das fronteiras continuaram, surgindo organizações terroristas e novas ocupações do Estreito de Tiran pelo Egito, pressionado pelos árabes. Enquanto isso, tropas do Iraque, Síria, Argélia e Arábia Saudita posicionavam-se nas fronteiras com Israel, dando início à Guerra dos Seis Dias, em 1967.

O exército israelense ocupou a Faixa de Gaza, a Península do Sinai, o Canal de Suez e a Cisjordânia, anexando a cidade de Jerusalém e as Colinas de Golan (Síria). Começava, dessa forma, e inconscientemente, a supremacia israelense, aguardando que os derrotados viessem a propor acordo de paz. Estes, porém, assumiram postura intransigente, dizendo não negociarem de nenhuma maneira.

O presidente Nasser, do Egito, decidiu enfraquecer Israel, ocasionando conflitos na região de Suez. Israel respondeu, bombardeando refinarias de petróleo e causando prejuízos à economia egípcia. Foi nesse período que americanos e soviéticos se envolveram diretamente no conflito, por meio de recursos e material bélico para Israel e Egito, respectivamente, alterando os ânimos de tal forma que tanto os EUA como a URSS acabaram tendo de frear seus aliados.

No início de 1973, Israel mantinha postura incondicional quanto à devolução dos territórios ocupados em 1967, apesar de pressões internacionais. Toda essa autoconfiança e subestimação acabaram gerando a guerra de Yom Kippur (dia do perdão).

Após *novos* conflitos, rompimento da linha de fogo da margem oriental do Canal de Suez por parte dos egípcios, ataque dos sírios às Colinas de Golan e contra-ataque israelense, o Secretário de Estado dos EUA, Henry Kissinger, por meio de diplomacia, conseguiu fazer com que Israel se retirasse da margem ocidental de Suez e recuasse 20 km da margem oriental, em 1974.

Em 1977, Sadat surpreendeu o mundo indo a Israel, perante o parlamento israelense, quebrar a barreira psicológica que separava Egito e Israel da paz definitiva.

No ano seguinte, após atritos entre israelenses e palestinos no sul do Líbano, o presidente dos EUA, Jimmy Carter, resolveu intervir, dando início às negociações que culminaram no Tratado de Camp David.

A eficácia da abordagem de negociação utilizada pode ser constatada a partir de pontos descritos a seguir.

Ambos tinham interesses comuns em Camp David: a paz. Sabia-se das verdadeiras necessidades almejadas pelos envolvidos (poder de conhecer as necessidades). Contudo, Sadat, do Egito, ainda tinha a pressão do *povo* egípcio, bem como de sua família, e a tradição histórica da região, para a retomada das propriedades pertencentes ao país, o que, de certo modo, lhe confere um poder de precedente (MARTINELLI; ALMEIDA, 1997, p. 74). Nesse caso, talvez, o poder de precedência de um país tradicionalmente conservador, que privilegia a posse das propriedades possuídas desde a antiguidade, pode não ser favorável a um acordo satisfatório para as partes envolvidas.

Quando Israel devolve a Península do Sinai para o Egito, visto que este não o conseguiria nem com uma possível guerra, fica claro que as partes se concentram nos interesses, abandonando suas posições originais, baseando a negociação em princípios, e não em vontades individuais.

Todavia, vale lembrar que, no início das negociações, as partes privilegiaram suas posições, como pode ser percebido na atitude incondicional de Israel de não devolver os territórios ocupados, ao mesmo tempo em que territórios como a Cisjordânia, Península do Sinai e Faixa de Gaza também assumem posições intransigentes a respeito do acordo de paz. Isso desencadeou vários conflitos.

Os conflitos nesse caso têm todo um caráter político, econômico, social, cultural, religioso, visto que os judeus buscavam não apenas um Estado, mas também a preservação de seu povo, de sua cultura. Assim, os conflitos eram fortemente influenciados pelos valores e crenças de cada parte envolvida.

Podem-se, assim, detectar todos os níveis de conflito desenvolvidos durante as negociações do acordo de paz, conforme Hodgson (1996, p. 212) propôs:

- Nível 1 – discussão entre as partes sobre as posições que elas inicialmente assumem.
- Nível 2 – debate que realiza generalizações sobre o comportamento dos envolvidos, ou seja, palestinos e judeus formulam conclusões precipitadas de que a paz não será possível, visto que ambos têm as mesmas intenções.
- Nível 3 – as partes demonstram a falta de confiança entre elas, em virtude da ocupação de Israel na Península do Sinai, por achar que só assim conseguiria manter a soberania israelense.
- Nível 4 – as partes assumem posições cada vez mais rígidas, não cedendo à possibilidade de um acordo.
- Nível 5 – como cada parte assume uma posição rígida dentro da tentativa de negociação, fica difícil, e até desonroso, para qualquer uma das partes retirar-se.
- Nível 6 – estratégias são utilizadas para sanar a falta de comunicação e para ten-

CAPÍTULO 5 | EXEMPLOS PRÁTICOS DE NEGOCIAÇÃO

121

tar impor alguma solução. É este o momento das invasões e dos bombardeios israelenses a refinarias egípcias.

- Nível 7 – esses atos de guerra determinam a falta de humanidade e respeito para com os envolvidos.
- Nível 8 – dessa forma, os negociadores, sejam eles israelenses, egípcios ou palestinos, pensam apenas em autopreservação, estando sempre preparados para atacar e serem atacados.

Além desses oito níveis, há um nono, que a humanidade de modo geral espera que não venha a concretizar-se. O nível 9 trata de ataques generalizados, sinalizando que não há outro caminho para um acordo se não houver um lado vencendo e outro perdendo. Esse nível ainda não foi analisado pela história mundial. Pelo contrário, os negociadores, principalmente os mediadores, estão procurando mudar o curso previsto pela história, tentando buscar um acordo que favoreça todos os envolvidos.

Essa ação é delicada e demorada, sem prazo limite para ser solucionada. Por isso, esse conflito, sob o aspecto da solubilidade, pode ter caráter terminal, que caracteriza uma impossibilidade de solução, tamanha é a complexidade das questões tratadas na negociação.

Ações do tipo abraçar a própria posição como louvável ou única possível, atacar e contra-atacar a outra parte, depreciando a posição dela e colocando em dúvida seu posicionamento, e desenvolver estereótipo negativo sobre a outra parte são típicas dos negociadores que assumem o ganha-perde como única solução possível, impedindo-lhes que pensem com clareza sobre o conflito e possam realmente compreendê-lo e solucioná-lo com o modo ganha-ganha.

É importante ressaltar que o reflexo ganha-perde desse conflito terminal pode ser revertido com a dedicação das partes em firmar e cumprir um acordo, que pode passar a ser um acordo ganha-ganha. E se, por acaso, o conflito terminal persistir, o enfoque da conquista é o recomendado para resolvê-lo; busca-se a vitória, a derrota do oponente, travando uma batalha a ser vencida, considerando um esforço para levar vantagem e ter domínio sobre o relacionamento.

Dentro dessa ótica de ter um único resultado aceitável, o acordo ganha-perde, as partes estão utilizando o estilo restritivo para negociar. Esse estilo combina desconsideração para com a outra parte e controle da situação para que um acordo forçado seja estabelecido. As partes agem, então, conforme seus próprios interesses. As ideias de obtenção de ganho, de vitória ou de um beco sem saída são características desses negociadores.

Além do estilo restritivo, os envolvidos utilizam o estilo duro, sob a visão de Gottschalk (1974 *apud* ROJOT, 1991), ressaltando pontos como a agressividade, dominância e poder para impor um acordo à outra parte, implicando um acordo de curto prazo, sem o comprometimento das partes, ou mesmo sem analisar as necessidades presentes.

O fato de não se ter a limitação de um prazo para a concretização de um acordo pode ser um ponto facilitador, ao mesmo tempo em que dificulta ações radicais. Contudo, pode ser um ponto negativo, considerando que muitas pessoas inocentes são prejudicadas com as constantes lutas bélicas, ocorridas até a finalização do acordo ideal.

O ambiente neutro escolhido para sediar as negociações foi positivo, não permitindo que as mesmas tendessem para qualquer dos lados envolvidos.

A atuação de Carter, como mediador das negociações, foi também de suma importância. Sirva como exemplo a forma acertada de encerrar as reuniões trilaterais, preferindo as bilaterais, verificada a falta de eficácia apresentada nas primeiras. Também pode ser destacada a forma persistente (poder de persistência) e persuasiva (poder de persuasão) com que encaminhou a negociação, bem como a utilização do texto único, tendo feito 23 anteprojetos antes de uma proposta final, após colhidas críticas e sugestões, possibilitando aperfeiçoar a solução que seria aceitável.

Apesar de também buscar interesses próprios, Carter obteve a confiança das partes, devido à conduta apropriada que assumiu (poder da moralidade), o que facilitou um afrouxamento das posições extremadas dos oponentes, fazendo concessões a Israel, em substituição às construções que seriam perdidas para o Egito, refletindo o poder de compromisso de participar do problema e auxiliar na melhor resolução.

Essas atitudes do mediador Carter podem sinalizar um pouco do estilo confrontador, proposto por Sparks (1992, p. 157), combinando a confiança depositada pelas partes com o controle da situação para tentar buscar um acordo possível. E, pelo fato de os envolvidos estarem presos a suas posições, arraigados a fortes questões culturais, o mediador deve ser habilidoso o suficiente para utilizar o estilo de negociação mais adequado à situação.

O sucesso do acordo pode ser devido à eficiência do mediador, que conseguiu congregar os interesses reais das partes, eliminando as áreas de conflito entre ambos por meio da utilização de técnicas centradas em princípios. O essencial em uma negociação eficaz é adequar a estratégia às características do conflito para assegurar a obtenção de resultados satisfatórios. Carter, pois, analisa o conflito e procura agir lógica e ordenadamente, de forma que a paz seja efetivamente buscada pelas partes.

EXEMPLO 4: QUESTÕES

1. Apresente a situação de conflito descrita no exemplo e delimite os interesses de cada lado.
2. Por que esse exemplo relata um caso de conflito terminal? Esclareça o resultado ganha-perde e suas consequências nos dias atuais.
3. Analise os níveis do conflito descritos no caso a partir do modelo de Hodgson. Era possível um resultado ganha-ganha? Justifique.
4. Descreva os estilos das partes descritas no exemplo.

EXEMPLO 5: NEGOCIAÇÃO INTERNACIONAL – RONDINI COMÉRCIO EXTERIOR

Essa negociação analisa uma empresa, Rondini Comércio Exterior, intermediária na importação e exportação de produtos de uma cooperativa de comerciantes da área de pescados e similares, na região de Ribeirão Preto. Essa empresa estava interessada na importação de uma grande quantidade de bacalhau da Noruega, que deveria suprir o mercado regional durante a Semana Santa.

Como a exigência prioritária era de um preço competitivo, ganhou o fornecedor norueguês que satisfazia tal exigência. O exportador, entretanto, só realizaria o negócio mediante pagamento antecipado da encomenda. A condição foi aceita pelos importadores, com um porém: os Incoterms (*International Commercial Terms* – regras de âmbito internacional que definem responsabilidades quanto ao pagamento de frete, seguro e despesas portuárias) a serem adotados seriam do tipo CIF (*Cost, Insurance and Freight*).

Efetuado o pagamento, restava apenas receber a mercadoria no porto de Santos, prevista para dez dias antes da Semana Santa, e transportá-la até a região, utilizando caminhões.

Na última hora, os exportadores noruegueses comunicaram que haveria um atraso de sete dias na entrega da mercadoria, sendo esta entregue, então, três dias antes da Semana Santa. Apesar de tudo, os exportadores aceitaram, pois não tinham nenhuma outra opção.

A mercadoria chegou dentro do novo prazo previsto, mas ficou retida no porto devido à greve, por prazo indeterminado, adiando a liberação do produto para vinte dias depois da Semana Santa.

Por ser um produto sazonal, após a Semana Santa o consumo cairia drasticamente, o que significaria dificuldade de vender todo o produto importado. Essa demora acarretaria sérios problemas de liquidez para a cooperativa, que não teria a receita esperada com a venda do bacalhau e, ao mesmo tempo, enfrentaria problemas referentes aos custos de armazenamento muito altos.

Na tentativa de obter uma solução favorável para as partes envolvidas, a Rondini negociou com os noruegueses, que se preocupavam em manter a boa imagem no mercado global, e com a cooperativa, que queria o ressarcimento da quantia paga antecipadamente.

Como a devolução da mercadoria era inviável, devido à continuidade da greve e aos altos custos de frete, sugeriu-se a busca de opções de ganhos mútuos, que satisfizessem os interesses de ambas as partes, ou seja, a distribuição de quase toda a mercadoria, via transporte rodoviário, para a região centro-sul do país, com prioridade para aquelas com maior concentração de descendentes de imigrantes portugueses, grandes consumidores de bacalhau, sendo o custo do transporte arcado pelos noruegueses.

Na região de Ribeirão Preto, o produto seria vendido por preço 10% superior ao combinado, sendo, ainda assim, valor competitivo no mercado nacional, estabelecendo-se que o acréscimo de 10% na receita seria dividido igualmente entre a cooperativa e os exportadores

Analisando a negociação, pode-se constatar que o importador falhou quando tinha como única opção o exportador norueguês. O ideal seria criar várias alternativas e estabelecer a sua MAANA, ou seja, várias opções possíveis e o mínimo que poderia ser aceito para, no caso de uma opção não dar certo, ter-se outra "à mão", ou mesmo para se ter condições de exigir melhores acordos. Por exemplo, o importador poderia ter negociado com o norueguês a questão de pagar antecipado se tivesse outro fornecedor do produto que aceitasse pagamento na data de entrega do produto.

124 NEGOCIAÇÃO E SOLUÇÃO DE CONFLITOS

A questão do tempo é fator primordial para a negociação, já que se trata de produto perecível e de consumo sazonal, sendo necessária a venda até determinado momento; caso contrário, perde-se o produto. Isso possibilita que o acordo realizado não seja verdadeiramente o melhor, já que as decisões e acordos devem ser tomados rapidamente, talvez deixando escapar uma melhor análise de determinado ponto, mais favorável à situação.

Embora a negociação tivesse sido apressada, a empresa intermediadora procurou negociar com exportadores noruegueses e importadores brasileiros baseada nos interesses de cada um, já que sabia de suas necessidades (poder de conhecer as necessidades), buscando opções de ganhos mútuos. Esse intermediador, apesar de também ter interesses econômicos em um bom acordo entre exportador e importador, serviu como uma terceira pessoa para encaminhar a solução mais viável para os envolvidos, não favorecendo nenhum dos lados. O poder da legalidade também esteve presente quando do fechamento do negócio, no qual foi utilizada a condição Incoterms.

Dessa forma, pode-se verificar que o estilo da Rondini para lidar com o impasse foi o confrontador, analisado por Sparks (1992, p. 157), já que, como mediador, buscava o melhor acordo global diante da circunstância dada, apreciando as necessidades e interesses de cada um, trabalhando com todos os envolvidos para chegar a um acordo sólido. Outro estilo que pode ser detectado na empresa intermediadora é o negociante, estando atento à flexibilidade, ao compromisso e à integração e orientação para resultados ganha-ganha, aproveitando as oportunidades que surgem no momento em que se está negociando.

O estilo Toma e Controla, proposto por Atkins e Katcher (*apud* BERGAMINI, 1990, p. 67), também tem alguns aspectos presentes na negociação em questão, pois tem como orientação básica os objetivos e metas a serem alcançados, buscando aproveitar sempre todas as oportunidades que surgem no ambiente, respondendo eficazmente às situações de pressão que possam surgir.

Nesse contexto, é possível ressaltar que os conflitos originados durante as negociações são solucionados na forma do "empurra para solução do conflito", conforme descrito no Capítulo 2. Essa tentativa de solução de conflito procura desenvolver a criatividade, trazendo novas ideias para a negociação, a fim de se estabelecer os objetivos a serem atingidos, dando ênfase na ação, movimento e cumprimento do acordo, valorizando a flexibilidade dos negociadores.

Além disso, a solução do conflito busca um compromisso, o qual faz com que cada parte ceda um pouco para não haver prejuízos maiores. A empresa norueguesa cede ao pagar o frete do produto estocado, e a empresa brasileira que estava comprando o produto aumenta um pouco o preço do produto para dividir os lucros igualmente com os exportadores e a cooperativa. Há, pois, um enfoque de barganha para lidar com o conflito.

EXEMPLO 5: QUESTÕES

1. Supondo que você fosse o representante da empresa, ao receber a notícia de que os exportadores noruegueses atrasariam sete dias na entrega da mercadoria, sendo esta entregue, então, três dias antes da Semana Santa, qual seria sua ati-

tude? Descreva a situação usando uma das classificações de estilo apresentadas no Capítulo 3.

2. O que é MAANA? Como se aplica a esse exemplo?
3. Relacione a variável "tempo" da negociação comercial inicial com o conflito instalado posteriormente, tendo em vista a não entrega do produto para a ocasião necessária.
4. Descreva o acordo firmado a partir da perspectiva ganha-ganha ou ganha-perde. Em sua opinião, haverá negociações futuras com os exportadores noruegueses?

EXEMPLO 6: CASAMENTO DE GENTE GRANDE – ANTARCTICA E BUDWEISER

Esse exemplo nos remete a 1995, ano em que a Antarctica teve motivos de sobra para comemorar. O primeiro foi a assinatura de uma associação com a Anheuser-Busch, maior cervejaria do mundo, dona da marca Budweiser. O segundo foi a reconquista da liderança do mercado brasileiro (33% de participação), após quatro anos atrás da sua principal concorrente na época, a cerveja Brahma.

O acordo com a empresa americana, intermediado pelo presidente da Anheuser--Busch na ocasião, Robert Gunthner, foi fruto de várias visitas ao país, encerrando uma longa negociação, com duração de mais de um ano, tendo sido redesenhado várias vezes.

Com treze fábricas nos EUA e seis em outros países, sempre em associação com empresas locais, a Anheuser-Busch faturou mais de 13 bilhões de dólares em 1994, sendo sua participação no mercado americano superior a 44%, e responsável por 9% da venda de toda a cerveja consumida no mundo. O Brasil era um dos últimos grandes mercados onde a empresa tinha uma presença tímida, sendo importada e distribuída pela Arisco.

Com a associação com a Antarctica, a parceria Arisco-Anheuser-Busch foi abandonada, pois a empresa americana queria, como estratégia, privilegiar parcerias com fabricantes locais. Dessa forma, a Anheuser-Busch passou a atuar diretamente em um dos maiores mercados do mundo em consumo de cervejas.[2] Caso essa incursão no mercado brasileiro fosse feita isoladamente, a empresa teria que arcar com enormes custos, por isso o interesse pela parceria com a Antarctica.

Em um primeiro momento, a Anheuser-Busch queria metade do capital da Antarctica, controlada pela Fundação Antonio e Helena Zerrenner. Dessa forma, seria criada uma nova subsidiária, englobando todas as empresas da Antarctica, exceto a Companhia Antarctica Paulista – *holding* mista do grupo brasileiro e responsável por 25 a 30% de seu faturamento –, sendo que a Anheuser-Busch faria subscrição de

---

[2] O Brasil está em 15º lugar em consumo no mundo e 3º lugar entre os produtores. Diponível em: https://exame.abril.com.br/economia/os-paises-que-mais-bebem-e-produzem-cerveja/. Acesso em: 20 set. 2019.

aumento de capital equivalente a 10%, com opção de compra de até 29,7% do capital da nova companhia.

Apesar de o acordo final ser diferente da proposta inicial, as negociações não foram interrompidas, pois ambas as empresas tinham consciência de seus interesses, não se atendo às suas posições. Ambas eram metódicas em suas decisões, andando devagar com o encaminhamento do negócio.

Antes de procurar a Antarctica, a Anheuser-Busch tinha tentado negociar com a Brahma durante algum tempo, porém os objetivos estratégicos eram diferentes, não sendo possível avançar na conversação. A experiência em negociação também foi adquirida pela Antarctica, que tentou negociar parcerias com empresas japonesas, apesar de não se concretizarem.

As vantagens dessa associação, para a Anheuser-Busch, eram:

- Economia de 6 bilhões de dólares, valor da instalação de uma rede de produção e distribuição no mercado brasileiro, já que seriam utilizadas as instalações da Antarctica.
- Facilidade de penetração no mercado, devido ao excelente nome que a Antarctica tem.

Quanto à cervejaria brasileira, as vantagens eram:

- Ganhos na agregação da experiência e *know-how* do maior fabricante de cerveja do mundo (9% de toda a cerveja consumida no planeta), principalmente no campo de marketing (a Budweiser foi uma das patrocinadoras da Copa do Mundo de Futebol nos EUA).
- Ter a cervejaria americana como associada, e não como concorrente.

Nesse contexto, identificaram-se os principais pontos da negociação.

A Anheuser-Busch, sendo a maior cervejaria do mundo, patrocinando importantes eventos esportivos, como a Copa do Mundo de Futebol e o Super Bowl americano, tinha maior poder perante a concorrência, devido à maior fama. Essa popularidade também permite à empresa americana um poder de precedente, isto é, a tradição de uma empresa com produtos de primeira qualidade, confiáveis, influenciando na finalização do acordo com a empresa brasileira.

A empresa americana também utilizou o poder de identificação para se associar à Antarctica, e não à Brahma, devido à semelhança dos interesses e objetivos. A persistência e atitude também integraram os poderes que favoreceram a Anheuser-Busch para firmar o acordo, visto que seu presidente esteve no Brasil por várias vezes.

Quanto à Antarctica, ela conhecia as necessidades da empresa americana: penetrar no mercado brasileiro de cervejas, ainda restrito para a Budweiser, o que, de certo modo, permitiu-lhe vantagem de informações para poder negociar. Essas informações possibilitaram à Antarctica elaborar as melhores alternativas para se associar à empresa americana, de maneira ganha-ganha.

A empresa brasileira também detinha um poder de conhecimento, já que outros acordos haviam sido estudados, inclusive com empresas japonesas, dando certo *know-how* para lidar com situações presentes em negociações desse tipo. Além disso, toda a estrutura para produção e distribuição do novo produto (Budweiser) era de sua propriedade. A Antarctica assumiu o poder do risco envolvido na criação da subsidiária das empresas componentes da *holding*.

Ambas as empresas utilizaram o poder de investimento, de maneira que se chegasse a um acordo ganha-ganha, atendo-se apenas aos interesses.

Conhecendo as necessidades do oponente, a Antarctica soube trabalhar o tempo a seu favor, não tendo pressa de finalizar qualquer acordo, enquanto a Anheuser-Busch dispunha de menos tempo, já que desejava penetrar o quanto antes no mercado brasileiro.

É interessante ressaltar a questão da definição dos verdadeiros interesses quando se negocia. Nesse caso, esclareceu-se que o principal objetivo da Anheuser-Busch era aumentar sua participação no mercado brasileiro, e não possuir metade do capital da empresa brasileira, como mencionavam inicialmente. Se esses objetivos não estivessem claros, poderia ser gerado um conflito, e a solução poderia caminhar para o ganha-perde ou, então, não haver acordo algum.

Dessa forma, destaca-se o estilo caloroso de negociação, segundo Gottschalk (*apud* ROJOT, 1991), no qual os envolvidos são cooperativos, mantêm um relacionamento saudável, enfatizando os interesses e objetivos comuns, sem que haja perda para as partes. Na classificação LIFO (BERGAMINI, 1990, p. 63), podem-se perceber dois componentes fortes dos estilos:

- Dá e Apoia – os negociadores dão o melhor de si, buscando o aprimoramento do acordo e concedendo ao máximo para finalizar com sucesso a negociação.
- Adapta e Negocia – os negociadores procuram entender os interesses dos oponentes, abordando e lidando facilmente com eventuais dificuldades.

Esses estilos ficam caracterizados durante toda a negociação entre a Antarctica e a Anheuser-Busch, pois os envolvidos se mostravam prestativos e solícitos para firmarem o acordo. No caso, a empresa americana mandou, inclusive, um mediador, para que tudo fosse feito da melhor maneira possível, sempre adaptando e negociando. Por parte da empresa brasileira, o fato de permitir que, num eventual acordo, aquela usasse todo seu *know-how* já é prova de "dar e apoiar" a possível parceria.

A ética também foi preservada, na medida em que não se utilizaram meios escusos para conseguir um acordo ganha-perde, ou prejudicar as partes envolvidas, em virtude apenas de lucros. A ética é essencial para o acordo ganha-ganha.

Enfim, a parceria Antarctica-Budweiser foi concretizada, resultando em vultosos lucros para as empresas envolvidas, além da recuperação da Antarctica no patamar de cerveja mais consumida no país, conforme os dados do ano de 1995.

Hoje, Antarctica e Budweiser fazem parte de uma empresa multinacional de bebidas, a AB InBev (Anheuser-Busch InBev),[3] com sede na Bélgica, formada pela fusão

---

[3] Interbrew e Ambev criam a maior cervejaria do mundo. BBC Brasil, 2004. Disponível em: https://www.bbc.com/portuguese/economia/story/2004/03/040303_ambevms.shtml. Acesso em: 20 set. 2019.

128 NEGOCIAÇÃO E SOLUÇÃO DE CONFLITOS

em 2004 da empresa belga Interbrew e da brasileira Ambev. Em 2008, com a compra da americana Anheuser-Busch,[4] tornou-se a maior empresa de cervejas no mundo. Assim, a AB InBev é líder mundial no mercado de cervejas, dominando Europa Central e Brasil e as marcas mencionadas no exemplo: Antarctica, Budweiser e Brahma fazem parte da mesma empresa.

EXEMPLO 6: QUESTÕES

1. O exemplo aborda uma negociação ocorrida em 1995, em que a parceira firmada criou perspectivas de negociações futuras. Explique essa realidade a partir dos conceitos teóricos discutidos no Capítulo 1.
2. Analise a variável básica "poder" na negociação descrita.
3. Quais estilos estiveram presentes no exemplo?
4. Descreva os interesses de cada lado presente nessa negociação, bem como o acordo firmado. Em sua opinião, foi um acordo com resultado ganha-ganha?

EXEMPLO 7: SEQUESTRO NO PARANÁ

Esse exemplo ressalta os tópicos principais de uma negociação de sequestro no município Marechal Cândido Rondon (localizado 703 km a oeste de Curitiba), no Paraná.

No dia 24 de abril de 1995, às 4 h, três homens armados invadiram a casa de um dos proprietários de uma empresa de câmbio e turismo para roubar o cofre da firma. Eles levaram o proprietário, sua esposa e a bebê do casal até a residência do tesoureiro da empresa. Às 7 h, os assaltantes retornaram à casa e mantiveram como reféns as duas famílias (do proprietário e do tesoureiro, que estava com a esposa e os filhos gêmeos), além das empregadas das famílias.

Às 8 h, o proprietário e o tesoureiro foram liberados para buscar US$ 500.000 para os assaltantes. Depois, às 12h30, a polícia recebeu telefonema anônimo comunicando o assalto e cercou a casa, dando início à negociação entre assaltantes e polícia civil. O coordenador do grupo antissequestro do estado assumiu o comando das negociações às 17 h. Os assaltantes estavam exigindo US$ 100.000, um carro-forte e armas para a fuga com os reféns.

No dia seguinte, a polícia cortou a ligação telefônica da casa, mantendo apenas uma linha de contato e iniciando a tática da inquietação, tendo utilizado buzinas, sirenes e holofotes, principalmente durante a noite, ameaçando invadir a casa, com o intuito de pressionar emocionalmente os assaltantes e deixá-los cansados fisicamente. No dia 26, o médico da família entra na casa, colhendo informações sobre o local e condições que facilitariam a operação de resgate.

A polícia continuou as negociações, com a utilização da tática de inquietação, porém nada se resolvia. Até que os assaltantes ameaçaram matar a bebê no sábado.

---

[4] InBev compra a dona da Budweiser. G1, 2008. Disponível em: http://g1.globo.com/Noticias/Economia_Negocios/0,,MUL645479-935600-INBEV+COMPRA+DONA+DA+BUDWEISER+POR+US+BILHOES.html. Acesso em: 20 set. 2019.

CAPÍTULO 5 | EXEMPLOS PRÁTICOS DE NEGOCIAÇÃO

Então, às 6h45 de sábado, a polícia iniciou a operação de resgate, com a intenção de matar os assaltantes, já prevendo que a morte de algum dos reféns seria inevitável. Vinte e um policiais invadiram a casa, em 35 segundos, matando os três assaltantes, ferindo apenas uma refém (a esposa do proprietário), que protegia a bebê, com quatro tiros, dos quais três foram disparados pelos policiais.

Conforme análise da negociação envolvida no processo de assalto, pode-se constatar a não utilização do poder da legitimidade, pois regras da convivência social comum foram descumpridas pelos assaltantes, tais como direito à privacidade, à propriedade e à vida. O resultado nesse caso foi a morte dos assaltantes.

A polícia, ao se mobilizar, procurou alterar o desequilíbrio de poder existente a favor dos assaltantes, no caso, o poder de atitude, podendo definir o destino dos reféns que mantinham (invadir a casa e feri-los ou matá-los, ou então, deixá-los fugir com os reféns). Assim, a polícia utilizou ações arriscadas, técnicas de pressão psicológica e simulação de invasão, assumindo o poder de risco de perder a vida de algum refém, em virtude da necessidade de evitar manipulações por parte dos assaltantes. Para dividir esse risco e um possível insucesso, o Secretário de Segurança Pública do estado procurou criar um clima, na opinião pública, favorável à invasão.

O poder de especialista favorecia os policiais, que detinham o conhecimento e informações técnicas para embasar ações em situações como esta, convocando um grupo especializado – grupo policial antissequestro do estado. Além disso, o poder de posição dava aos policiais maior autoridade para tentar solucionar o caso.

Os policiais tentaram conhecer as verdadeiras necessidades dos assaltantes por meio de microfones colocados dentro da casa e da entrada do médico da família no local onde estavam os reféns, somando mais poder à força policial.

A tática de inquietação serviu como poder de persistência aos policiais, que tentavam manter os assaltantes em constante pressão emocional, vencendo-os talvez pelo cansaço.

Os assaltantes superestimaram seu poder de moralidade, utilizando-se de falta de generosidade para obter concessões. Isso pode ser observado quando reféns e os próprios assaltantes divulgavam maus-tratos e torturas cometidos contra os reféns e, principalmente, com a ameaça de matar a bebê. Essas informações foram importantes para a polícia mudar sua posição quanto aos assaltantes, visto que anteriormente só admitia a rendição dos mesmos, sem qualquer hipótese de negociação.

Há, nessa questão, o custo de oportunidade, visto em dois momentos:

- O custo de não empreender uma negociação seria muito alto, já que poderia causar a morte dos reféns.
- Embora a polícia tivesse previsto a morte de três dos sete reféns na hora de invadir a casa, preferiram essa possibilidade a perder todos os aprisionados. Os assaltantes eram apenas três.

O tempo nessa negociação era questão crucial, pois os reféns podiam ser maltratados e feridos a qualquer momento. A duração do assalto foi de 123 horas, podendo parecer pouco, em se tratando de negociações normais e lícitas. Todavia, o fato era extraordinário, embora fizesse parte do cotidiano da polícia.

A questão do tempo, sendo crítica, poderia influenciar negativamente o acordo. Era preciso fazê-lo de qualquer maneira, o mais rápido possível, para que os reféns não fossem prejudicados fisicamente. Então, poder-se-ia precipitar uma solução não adequada e perder alguns dos reféns em um tiroteio entre policiais e sequestradores, por exemplo.

Assim, o tempo foi fator agravante da situação, contribuindo para deixar sequelas emocionais e físicas nos envolvidos. A cada dia que passava, mais cobranças da sociedade sobre uma atitude policial, mais riscos corriam os reféns, mais irritados ficavam os assaltantes. Daí o fato de ser essencial reduzir ao máximo o tempo de negociação e o firmamento de um acordo.

Apesar disso, não havia um tempo limite definido para o acordo, até que os sequestradores ameaçaram matar a bebê, determinando a decisão rápida de invasão. Essa decisão, tão importante e de alto risco, foi tomada ao final do prazo limite. Isso, de certa forma, poderia prejudicar o acordo, além de não ser a melhor alternativa para tanto.

O comportamento ético pode ser notado através do componente legal da situação, no qual a determinação jurídica de certas atitudes estava preestabelecida, por exemplo, o chefe do comando da operação ter poder legal para prender qualquer sujeito que esteja cometendo um delito, ou invadir uma residência, se lá estiver sendo cometido um crime.

Outro componente da ética é a livre escolha, em que, no caso, o chefe do comando pode decidir, dentro das circunstâncias, qual o melhor modo de agir. Esse componente também deu sustentação à ética popular, ou seja, o comandante buscou a aprovação da sociedade para invadir a residência, independentemente de causar a morte de alguns reféns. Desejava-se, dessa forma, considerar questões impostas pela coletividade, e não gerar uma revolução ética, com os possíveis resultados negativos advindos da invasão. É certo que a tomada de decisão conforme uma ética teve um certo enfoque utilitário, produzindo o maior bem para o maior número possível de pessoas.

O estilo de negociação presente, segundo classificação de Sparks (1992), baseado no modelo de Jung, é o restritivo, visto que o acordo só se realiza à força e não há cooperação por parte dos envolvidos, agindo cada um em seu próprio interesse. Segundo Gottschalk (*apud* ROJOT, 1991), o estilo mais característico é o duro, usado pelos policiais. As principais características que o confirmam, no caso, são: procurar manter o controle da situação, assumir o risco de ferir os reféns, bem como a presença dinâmica, no que diz respeito a forçar os assaltantes a se renderem. Também é possível verificar elementos do estilo contestador nos policiais, visto que não era possível incorporar outras tentativas de resolução do conflito.

O conflito entre policiais e assaltantes pode ser caracterizado como terminal. Assim, os envolvidos atacam e contra-atacam para defender sua posição, procurando desenvolver um estereótipo negativo do oponente. Além do mais, o enfoque dado para solucionar o impasse (negociação dos reféns) foi o da dominação e da conquista, utilizado pelos policiais de forma que estes pudessem resolver de forma rápida e decisiva o problema, utilizando os poderes que lhes cabiam.

E, de fato, em virtude do exposto, a última e única alternativa, invasão da residência, foi posta em prática. Foram mortos todos os sequestradores, e a babá foi ferida.

Infelizmente, tudo era previsto, sendo realmente necessário que o fato terminasse dessa forma, ganha-perde. Aliás, as consequências poderiam ter sido ainda mais graves, tendo sido inclusive previsto pela polícia que os mortos e feridos poderiam ter sido em número maior.

EXEMPLO 7: QUESTÕES

1. Em sua opinião, é possível extrair aspectos positivos desse conflito descrito no exemplo? Justifique sua resposta.
2. Analise as variáveis básicas presentes durante a negociação retratada no exemplo.
3. Quais estilos estiveram presentes no exemplo?
4. Em sua opinião, por que a ética é importante em um conflito como esse?
5. Por que esse conflito foi classificado como terminal? Quais as opções e qual a solução?

EXEMPLO 8: OS ESTILOS DE NEGOCIAÇÃO DE HITLER E DE GANDHI EM CASOS CÉLEBRES

Este exemplo procurou levantar alguns estilos de personalidades importantes de épocas históricas, Hitler e Gandhi, segundo os respectivos contextos.

A Primeira Guerra Mundial propiciou novos conflitos, pois o Tratado de Versalhes disseminou forte sentimento nacionalista, dando origem ao nazifascismo. A política de paz, adotada por muitos líderes no período entre guerras e que se caracterizou por concessões para evitar um conflito, não conseguiu garantir a paz internacional. Consolidaram-se, assim, os regimes totalitários, visando conquistas territoriais, o que desencadeou a Segunda Guerra Mundial.

Com os nazifascistas governando a Alemanha e a Itália, a política internacional foi aos poucos tornando-se conflituosa, pois as pequenas nações sentiram-se lesadas em seus direitos territoriais e políticos, ficando à mercê dos Estados mais poderosos.

O Japão, descontente com sua posição internacional, invadiu a Manchúria em 1931; a Itália invadiu a Etiópia; a Alemanha, desobedecendo as decisões do Tratado de Versalhes, em 1935, reincorporou o Sarre, restabelecendo o serviço militar obrigatório e, em 1936, ocupou militarmente a Renânia – zona com a fronteira francesa, desmilitarizada pelo Tratado de Versalhes. Para evitar mais confrontos, outros países assistiram ao fato resignadamente.

A guerra civil espanhola deu a Hitler e Mussolini, associados ao militar golpista espanhol Francisco Franco, condições de testar seus novos armamentos e acabar com a Nova República Espanhola, consolidando a aliança Hitler-Mussolini, denominado eixo Berlim-Roma. Pouco depois, o Japão se uniu ao eixo, encontrando na passividade geral ânimo para novas investidas territoriais, assinando o Pacto Antikomintern para combater o comunismo internacional.

A primeira manifestação significativa da expansão nazista aconteceu na Áustria, anexando-a ao Terceiro Reich; depois foi a vez da Tchecoslováquia que, por meio de um acordo entre Inglaterra, França, Alemanha e Itália, entregou-a aos nazistas.

Hitler desejava conquistar o corredor polonês, área que dava à Polônia saída para o mar. Então, fixou o Pacto Germano-soviético de não agressão e neutralidade, por dez anos, com a União Soviética. Em 1939, Hitler invadiu a Polônia que, apoiada pela Inglaterra e França, reagiu, dando início à Segunda Guerra Mundial.

A Alemanha de Hitler rompeu o tratado com a União Soviética quando decidiu buscar minérios, petróleo e cereais neste país. O sucesso nos primeiros meses levou os nazistas até os subúrbios de Moscou, mas, no final, os alemães experimentavam duras derrotas, devido principalmente ao vasto território, à resistência da população e à chegada do inverno rigoroso. O Japão, ao atacar a base americana no Pacífico, é guerreado pelos EUA, pondo fim à expansão totalitária do eixo europeu.

Após a Segunda Guerra Mundial, o mundo organizou-se sobre novas bases, destituindo a Europa como eixo do poder mundial e elegendo Washington e Moscou como os novos centros de poder, reativando o confronto entre socialistas e capitalistas. Fixou-se, assim, a bipolarização do mundo, marcada pela tensão internacional e alimentada pelo conflito ideológico e político entre EUA e URSS.

Diante desses conflitos, as classificações dos estilos podem ser feitas conforme os autores estudados. No modelo de Sparks (1992), Hitler possuía estilo restritivo, no qual o negociador tem impulsos de controle e desconsideração para se forçar um acordo, já que não há possibilidade de cooperação entre os envolvidos e cada um se preocupa com seus próprios interesses. Então, o único resultado aceitável para esse negociador é ganhar.

Segundo a classificação feita por Cohen (1980, p. 120), Hitler tinha estilo ganha-perde. As características extremamente nacionalistas que determinavam seu governo (antidemocracia, antioperariado, antissocialismo) priorizavam interesses da minoria e centrada em Hitler. A guerra, por si só, já buscava o ganha-perde, pois o líder alemão acreditava que a luta era tudo, podendo transformar qualquer coisa desejada... Assim, sua política era centrada em suas vontades, em sua posição.

Na teoria de Fisher *et al.* (2018, p. 47), Hitler teve como estilo negociador o de reconhecer as necessidades e os interesses do povo alemão da época, que o fez o maior líder.

Também podiam ser identificadas, no líder alemão, algumas características do estilo duro de Gottschalk (*apud* ROJOT, 1991), tais como:

- Estabelecimento de posição firme e clara, visto que a doutrina nazista tinha princípios básicos bem definidos (racismo, totalitarismo, anti-imperialismo, nacionalismo).
- Conhecia muito bem seu objetivo, que era vingar-se da humilhação do Tratado de Versalhes; era determinado a atingir sempre o melhor, tentando reunir todo o povo germânico da Europa numa grande nação.
- Era líder inato, procurando manter o controle, governando de forma centralizada; identificava suas oportunidades, aproveitando, por exemplo, as humilha-

ções do Tratado de Versalhes e a crise econômica para promover a expansão do nazismo.

- Não se importava com o pensamento dos outros sobre o nazismo.
- Era dominador e agressivo, prova disso foram a eliminação dos partidos políticos, a supressão das organizações sindicais e a ampliação do poder central.

Em se tratando de Mahatma Gandhi, foi figura importante no processo de independência da Índia, propondo consegui-la por meio de resistência pacífica, desobediência civil e ação não violenta contra os colonizadores ingleses. Assim, promoveu greves, passeatas, boicotes e envolveu a maioria das populações hindu e muçulmana, obrigando a Inglaterra a abandonar gradualmente a Índia, evitando confronto racial com a metrópole.

A Índia tornou-se domínio britânico em 1763, após o Tratado de Paris, que excluiu a França da colonização da Península Indostânica. Em 1858, o território deixava de ser administrado pela Companhia das Índias Orientais Britânicas, passando a ser diretamente controlado pela coroa. A luta pela independência começa em 1885, com a criação do Congresso Nacional Indiano (ou Partido do Congresso), partido nacionalista da população hindu. Em 1906, era criada a Liga Muçulmana, organização nacionalista da população muçulmana.

Em 1947, foi confirmada a retirada inglesa, acirrando os conflitos étnicos e religiosos entre hindus e muçulmanos, permitindo a divisão do país e causando milhares de mortes. A partir daí, surgiram três novos países: a União da Índia, essencialmente hinduísta e governada pelo líder do Partido do Congresso, Jawaharlal Nehru; o Paquistão, com predomínio muçulmano e governado por Ali Jinnah; e o Sri Lanka, antiga ilha do Ceilão com predomínio budista.

As desigualdades sociais, as rivalidades étnico-religiosas e a instabilidade política marcavam continuamente toda a região. Em 1948, em meio aos conflitos religiosos e políticos, Gandhi foi assassinado. Em 1984, a sucessora de Nehru, Indira Gandhi, teve o mesmo fim. Em 1991, durante campanha eleitoral, seu filho, Rajiv Gandhi, também foi assassinado. As tentativas governamentais de evitar a generalização dos conflitos não conseguiram eliminar a constante ameaça de fragmentação, o aumento da miséria e as crescentes ações extremistas de diversos grupos políticos.

Assim, conforme a classificação de Sparks (1992), baseada no modelo de Jung, Gandhi apresenta aspectos do estilo confrontador, pois a questão envolvida busca necessariamente um resultado e envolve altos interesses e um conflito litigioso. Utiliza táticas como a virtude e a reunião, apesar de apresentar características de outros estilos, quando opta pelo baixo risco, ou seja, o uso da não violência.

Na Índia, tem-se a figura de Gandhi como libertador dos domínios ingleses. Todavia, segundo a visão proposta por Cohen (1980, p. 120), houve nesse estilo um pouco de ganha-perde, na negociação Índia-Inglaterra, visto que Gandhi se utilizava de táticas emocionais (desobediência civil, não violência, resistência pacífica), colocando-se em uma posição extremada de passividade para sensibilizar o povo indiano, na tentativa de liderá-lo contra a Inglaterra. Mostrava-se a favor do povo e por isso tinha autoridade limitada. Se não eram satisfeitas suas vontades, fazia greve de fome,

134 NEGOCIAÇÃO E SOLUÇÃO DE CONFLITOS

boicotes, passeatas contra o regime inglês. Contudo, Gandhi conseguiu instituir o ga-nha-ganha entre o povo quando uniu muçulmanos e hindus em função de um objetivo comum: libertar a Índia da Inglaterra, mesmo que, depois, esses povos começassem a brigar. Vale lembrar que a Inglaterra cedeu à Índia aos poucos para não perder a influência regional.

É possível perceber também os esforços do líder indiano em não se concentrar em garantir ganhos mútuos, mas corrigir injustiças, mudar um situação desfavorável ao seu país, ou melhor, tentar alterar uma relação ganha-perde, considerando a possibilidade de um relacionamento futuro entre esses países. Em momento algum Gandhi desviou-se de seus objetivos, não atacou os ingleses, concentrando-se nos problemas. Porém, foi incapaz de identificar os interesses ingleses, o que talvez tivesse lhe poupado muitos esforços, principalmente depois da Segunda Guerra, quando a Inglaterra, afetada diretamente pela mesma, não podia mais arcar com os custos de manter uma colônia como a Índia, sendo este um dos principais motivos que levou o governo inglês a reconhecer a independência da Índia.

Na classificação de Gottschalk (*apud* ROJOT, 1991), Gandhi possui alguns traços importantes do estilo caloroso. Era amigo, não se preocupava apenas com as pessoas de seu país, se dispôs a ajudar nativos e miseráveis, moral e materialmente, organizou colônias agrícolas e hospitais e continuou a exortar seus compatriotas, ensinando-lhes seus princípios de fraternidade. Tinha também características do estilo duro, visto que era um homem que não se intimidava diante do conflito.

Nesse contexto, nota-se a importância de se identificar os estilos dos negociadores envolvidos, a fim de que se possam definir ações correspondentes a eles, sendo igualmente importante conhecer o próprio estilo para desenvolver habilidades que permitam melhorar alternativas possíveis na negociação. Como exemplo, pode-se citar a derrota de Hitler na Segunda Guerra Mundial, que rompeu o tratado de não agressão, pelo interesse em petróleo, cereais e minérios existentes na URSS. Talvez, se se conhecessem os interesses russos, fosse possível negociar um acordo mais lucrativo para as partes. Hitler, porém, não permitiu o desenvolvimento de melhores alternativas para a situação.

Ainda é possível concluir que, quanto mais se conhecem os estilos de negociação, mais os negociadores são flexíveis em seus estilos, assumindo posturas diversas em função da situação em que se encontram, para obter resultados desejáveis às partes, sem que seja necessário fazer concessões ou assumir posições para se chegar a um acordo sensato.

EXEMPLO 8: QUESTÕES

1. Apresente um paralelo entre os estilos de Hitler e Gandhi, usando Sparks para embasar sua resposta.
2. Destaque os pontos positivos e os pontos negativos do estilo de Hitler na perspectiva de Gottschalk.
3. Destaque os pontos positivos e os pontos negativos do estilo de Gandhi na perspectiva de Gottschalk.

4. Esclareça, a partir da visão proposta por Cohen, por que o estilo de Gandhi culminou em uma negociação ganha-perde no caso Índia-Inglaterra.

EXEMPLO 9: NEGOCIAÇÃO ENTRE SEM-TETO E GOVERNO

Embora o Brasil esteja tentando caminhar para um futuro mais próspero, há ainda problemas sérios que afligem o governo e a sociedade, causando impasses sobre questões polêmicas e delicadas. Prova disso são as frequentes manifestações de pessoas sem terra, sem teto, sem condições dignas de sobrevivência. Em uma dessas tentativas de se buscar um acordo para solucionar problemas de moradia foi possível analisar um exemplo, no final da década de 1990, detectando alguns fatores que poderiam indicar o porquê de um acordo não ter sido firmado.

Com as negociações realizadas entre sem-teto e governo estadual de São Paulo, pretendia-se anunciar a retomada do Plano de Atuação em Cortiços (PAC), sendo esta a principal exigência do sem-teto. Porém, sobre as propostas do PAC, a Companhia de Desenvolvimento Habitacional e Urbano (CDHU) não soube informar qual verba seria destinada para o plano, que prometia criação de 2,5 mil unidades habitacionais. O projeto estava atrasado, segundo o governo, devido à crise financeira pela qual passava. Além disso, o governo alegava não ter os números reais sobre os sem-teto. Sabe-se, ainda, que a Secretaria Estadual de Habitação tinha uma verbal anual de R$ 600 milhões para moradias.

O líder da Unificação das Lutas de Cortiço (ULC), Luíz Gonzaga da Silva, argumentou que estando a diretoria do CDHU ao fim de mandato pouca coisa poderia ser efetivamente feita. De concreto, o governo anunciou a compra de um prédio já ocupado por sem-teto. Apesar disso, várias famílias foram desalojadas de um antigo casarão que haviam invadido no centro de São Paulo e tiveram como única opção o Centro de Triagem e Encaminhamento (Cetren) no Brás. Essa proposta havia sido rejeitada pelos invasores sob a justificativa de que o Cetren é um albergue, e não um alojamento, abrigando moradores de rua, sem perspectivas, com problemas mentais e de alcoolismo, sendo, pois, impossível a convivência entre eles e as famílias constituídas. Assim, a decisão da ULC era de não aceitar essa proposta e, pelo contrário, invadir outros prédios, caso outras opções não fossem criadas.

Para amenizar um dos mais difíceis problemas de moradia em São Paulo, foi indicado Lázaro Piunti, ex-prefeito de Itu por três mandatos, por ter experiência com o assentamento de 20 mil pessoas nessa região. Contudo, isso não foi suficiente para conter várias outras ocupações, como a da Escola Estadual Professora Francisca Teixeira de Camargo, na zona leste de São Paulo.

A forma pela qual a Casa Civil se manifestou a respeito da posição dos sem-teto foi comunicando a intervenção da Polícia Militar para retirar as famílias ocupantes, sem discussões, nem que para isso tivessem que usar de violência física, como aconteceu na reintegração de posse na Fazenda da Juta, resultando em três mortes. O policial comandante era o mesmo.

O coordenador da ULC, contudo, continuava a dizer que as pessoas alojadas na escola não aceitariam ficar no Cetren, alegando não haver condições de moradia. A

ULC indicou o prédio do Hospital 21 de Abril para servir de moradia, mas não houve acordo, pois essa possibilidade já havia sido estudada e descartada pelo governo, porque os sem-teto resistiram à desocupação de um prédio na Rua do Carmo.

Com isso, a Promotoria Pública e os líderes da ULC informaram que funcionários da Secretaria da Fazenda, proprietária do imóvel da Rua do Carmo, entregaram um novo termo de compromisso para os desalojados. Segundo o termo, o prazo de permanência na escola seria ampliado em cinco dias, se fosse preciso.

O acordo não foi realizado, e as partes aumentaram a dificuldade para discutir sobre suas posições. Aliás, o fato de se aterem às posições, e não aos interesses, conta negativamente para a realização de um acordo ganha-ganha. Além do mais, os sem-teto não tinham alternativas melhores de acordo, ou seja, não desenvolveram suas MAANA, não havendo uma zona de acordo sobre a qual fosse possível negociar, já que a única opção que tinham era alojarem-se no Cetren.

O poder da posição conferido ao governo, por se tratar de uma autoridade estatal que, de certa forma, tem condições de impor formas de comportamento, permitiu certo domínio na condução das negociações, não permitindo que a outra parte expressasse seus interesses.

A presença de um mediador para auxiliar a condução do processo negociativo seria um fato importante para busca do acordo ganha-ganha, mas não há maiores comentários sobre a atuação desse mediador na fonte onde foram analisadas as informações. Vale ressaltar, contudo, que o mediador tinha um forte poder de precedência com relação ao assentamento de várias famílias, o que, de certa forma, conferia-lhe habilidades para lidar com situações de pressão e ânimos acirrados.

O conflito existente nessa negociação pode ser considerado como sendo paradoxal, pois as informações estão um pouco obscuras, não dando efetividade à finalização de um acordo. Além do mais, as posições assumidas fazem com que haja despreocupação das partes em saber quais são as necessidades reais dos envolvidos.

Sob a classificação mais específica de Sparks (1992, p. 100), o conflito pode ser caracterizado como sendo terminal, minimizando o que há de comum entre as partes, não havendo reflexão sobre os aspectos importantes do conflito. Nesse sentido, detecta-se um aspecto negativo do conflito, um aspecto de competição, em que as partes promovem um choque de forças, de competição. Isso é verificado no momento em que o governo não concorda em ceder o Hospital 21 de Abril para os sem-teto pelo simples motivo destes terem resistido à desocupação do prédio da Rua do Carmo. Ou, ainda, verifica-se a competição de forças quando a ULC comunica outras invasões se novas opções de acordo não fossem estabelecidas.

O estilo que influenciou, de certo modo, esses comportamentos foi o restritivo, analisando que as partes estavam agindo dentro de seus próprios interesses, visando à obtenção de um ganho, uma vitória. Pode-se ressaltar também algumas características do estilo duro, pois tanto o governo quanto os sem-teto estavam atuando de maneira agressiva, orientada para o poder, a fim de dominarem a situação.

Nessa negociação, pode-se ressaltar também a questão ética determinando alguns padrões de comportamento das partes, visto que as negociações envolvendo o governo e os sem-teto esbarra em questões éticas, além de questões políticas e sociais.

CAPÍTULO 5 | EXEMPLOS PRÁTICOS DE NEGOCIAÇÃO

Assim sendo, por se tratar de uma negociação delicada, envolvendo vários interesses e recursos escassos, principalmente financeiros, a ética deveria estar presente, implícita nas atitudes dos envolvidos. Contudo, em razão das posições firmadas, da impossibilidade de se criar soluções alternativas para um acordo, a ética foi esquecida; o governo não adotou enfoques que privilegiavam o interesse social ao tomar suas decisões de não liberar moradias já ocupadas por sem-teto. Enquanto isso, os sem-teto justificavam o fim desejado pela negociação (conseguir teto para os desabrigados) por meios utilizados para conseguir um acordo (ocupar outras moradias não liberadas pelo governo).

Desse modo, as partes não souberam lidar com o impasse, tirando proveito das diferenças existentes no processo negociativo para buscar um melhor acordo. O resultado final, então, foi a não realização do acordo.

EXEMPLO 9: QUESTÕES

1. Descreva o conflito e esclareça sua classificação como conflito terminal.
2. Apresente os estilos presentes no exemplo.
3. Descreva a necessidade da terceira parte neste caso, destacando os pontos positivos e os pontos negativos.

EXEMPLO 10: REAÇÃO DO JAPÃO E DA COREIA DO SUL AO AUMENTO DA COTA DA UNIÃO EUROPEIA

A decisão do governo brasileiro de aumentar em 40% a cota de veículos importados da União Europeia provocou protestos por parte das autoridades japonesas e coreanas, dando início a um impasse econômico e político. Para os países asiáticos, isso significa que os automóveis importados pelo país a partir desse acordo não poderão mais ser nacionalizados, ficando retidos nos portos os produtos que estiverem acima da cota.

O objetivo do Itamaraty em beneficiar a União Europeia é evitar que os países-membros recorram ao comitê de arbitragem da Organização Mundial de Comércio (OMC) contra o regime automotivo, que beneficia as montadoras que instalam filiais no país. Contudo, o governo teria que buscar alternativas para manter os acordos já firmados com os japoneses e coreanos, de forma que nenhum dos envolvidos saísse perdendo. E qualquer decisão precisava ser definida até o dia 20 de agosto de 1997, data em que vencia o decreto que regulamentava o atual sistema de cotas.

Com o aumento da participação das montadoras europeias, a redistribuição das cotas seria feita com as atribuídas à japonesa Honda (1.730) e à coreana Hyundai (3.949), que saíram do sistema por terem aderido ao regime automotivo e decidido abrir fábricas no Brasil.

Embora não houvesse muitos detalhes a respeito das transações e etapas da negociação, podem-se notar algumas características que influenciaram o processo.

Esse impasse deu origem a um conflito entre instituições e organizações da sociedade, ou seja, entre as empresas exportadoras (japonesas e coreanas), as empresas europeias e o país importador, visto que há uma disputa de mercado e de poder econômico. Dessa forma, se as partes não se ativessem a seus interesses, correriam o risco de dar um enfoque *band-aid* para a solução do conflito, pois a necessidade de uma solução rápida pode fazer com que se aceite qualquer acordo.

Vale ressaltar, então, a questão do tempo das negociações para estabelecimento das novas cotas para os países asiáticos e europeus. As novas proposições deveriam ser feitas antes do vencimento do decreto de determinação de cotas do ano anterior.

Além do mais, o Brasil estava preocupado com a presença asiática no país, e por isso dava indícios de que adotaria o estilo colaborativo para compor uma solução do conflito, buscando encontrar uma acordo que favoreça o conjunto de interesses dos envolvidos, sem prejudicar relacionamentos já conquistados, que são de extrema importância para as relações comerciais e políticas do país.

É importante levantar ainda a questão ética nesse tipo de negociação. Como se trata de um relacionamento em que as partes serão favorecidas a curto e longo prazo, havendo, inclusive, questões fortemente econômicas que influenciam os tratados, o enfoque ético deve enfatizar os interesses comuns, dentro dos padrões de comportamento adotados pelas diferentes culturas envolvidas, sem violar legislações, valores ou os próprios relacionamentos entre as partes.

EXEMPLO 10: QUESTÕES

1. Quais interesses estão em pauta?
2. Por que a presença da arbitragem nesse exemplo?
3. Descreva eventuais conflitos que poderiam surgir após essa negociação.

CONSIDERAÇÕES FINAIS

Dentro de um ambiente globalizado, envolto por constantes turbulências, a negociação tem sido considerada uma das alternativas possíveis para a solução de conflitos, visto que é um meio de se alcançar um acordo satisfatório para os envolvidos, tentando manter princípios fundamentais como bom relacionamento, satisfação das necessidades e possibilidades de novas negociações.

A partir desses impasses, questões importantes podem ser abandonadas ao longo do processo, em virtude de um conflito, seja este originado pela disputa de recursos, pela diferença de personalidade, pela frustração de metas não atingidas, ou até pela diferença de informação e percepção de cada um dos envolvidos. Perdem-se, então, oportunidades de buscar uma melhor alternativa de acordo, advinda da análise e discussão de diferentes opiniões, ou mesmo um melhor entendimento dos pontos em questão.

É nesse contexto que os estilos de negociação são importantes. Esses estilos são características intrínsecas aos negociadores, maneiras de comportamento que determinam sua postura frente às conversações. São, pois, ferramentas que auxiliam os negociadores a analisar o conflito e detectar a forma mais adequada para solucioná-lo.

Os tipos de estilo aplicados às várias possibilidades de conflito exigem, assim, que o negociador seja flexível e saiba bem o momento, o objeto e as necessidades dos envolvidos, antes de definir o estilo a ser praticado. Então, se por um lado o negociador deve estar bem ajustado ao estilo do oponente para saber como lidar com essa situação, por outro lado é necessário tentar agir de maneira complementar em cada ponto ou questão discutidos, tentando buscar o melhor acordo, o que podemos tratar como um estilo adaptativo.

Sob essa perspectiva, o negociador deverá avaliar: Em qual situação de negociação ele se encontra? Quem é(são) seu(s) oponente(s)? Quais são as variáveis básicas (tempo, poder e informação) presentes na situação real? E, então, adaptar-se, visando à formação de um acordo e lembrando-se sempre de procurar ganhos mútuos para a formação de parcerias de longo prazo.

Em suma, o importante é ter em mente que as classificações sobre estilos dos oponentes e tipos de conflitos são úteis, todavia, não absolutos, sendo perigosa qualquer classificação inflexível, com excesso de confiança, pois, algumas vezes, as pessoas e situações não se ajustam às classificações puras, utilizando também outras abordagens evidenciadas ao longo da negociação.

REFERÊNCIAS

ACUFF, F. L. *Como negociar qualquer coisa com qualquer pessoa em qualquer lugar do mundo*. São Paulo: Senac, 1998.

ALBRECHT, K.; ALBRECHT, S. *Agregando valor à negociação*. São Paulo: Makron Books, 1995.

ALMEIDA, A. P. *Gestão organizada*: chave para o sucesso de qualquer empresa. Concurso Monografia da FIAT do Brasil, out. 1995.

ATKINS, S.; KATCHER, A. *LIFO training & O.D. analyst guide*: a program for better utilization of strengths and personal styles. Los Angeles: Atkins Katcher Associates, 1973.

BAECK, L. *L'entreprise et la globalisation*. Bruxelas: Institut de l'Entreprise, Universidade Católica de Louvain, 1993.

BANDOS, M. F. C. A Agência Nacional de Telecomunicações (ANATEL) e as negociações no setor de telefonia fixa. 120 f. Dissertação (Mestrado em Administração de Empresas) – Faculdade de Economia, Administração e Contabilidade, Universidade de São Paulo, São Paulo, 2003.

BANDOS, M. F. C. Análise dos conflitos, das negociações e dos contratos gerados pelo compartilhamento de infraestrutura entre empresas reguladas pelas agências ANEEL, ANATEL e ANP. 179 f. Tese (Doutorado em Administração de Empresas) – Faculdade de Economia, Administração e Contabilidade, Universidade de São Paulo, São Paulo, 2008.

BANDOS, M. F. C. Dos aspectos da negociação nos contratos internacionais: análise do service level agreement. *In*: FIORATI, J. J.; MAZZUOLI, V. O. de (org.). *Novas Vertentes do Direito do Comércio Internacional*. São Paulo: Manole, 2003. p. 105-129.

BANDOS, M. F. C. O processo de negociação. *In*: MARTINELLI, D. P.; NIELSEN, F.; MARTINS, T. M. *Negociação*: conceitos e aplicações práticas. São Paulo: Saraiva, 2012.

BAZERMAN, M. H.; NEALE, M. A. *Negociando racionalmente*. São Paulo: Atlas, 2016.

BERGAMINI, C. W. *Desenvolvimento de recursos humanos*: uma estratégia de desenvolvimento organizacional. São Paulo: Atlas, 1990.

BLAKE, R. R.; MOUTON, J. S. *O Grid Gerencial*. São Paulo: Pioneira, 1975.

BROWN, L. D. *Managing conflict at organizational interfaces*. Readings: Addison-Wesley, 1983.

BURBRIDGE, M.; BURBRIDGE, A. *Gestão de conflitos*: desafio no mundo coporativo. São Paulo: Saraiva, 2012.

CASSE, P. *The one hour negotiator*. Oxford: Butterworth-Heinemann, 1995.

CALDANA, A. C. F.; PAULA, V. A. F.; PRADO, L. S.; ALMEIDA, A. P.; MARTINELLI, D. P. Negociação estratégica: uma abordagem sistêmica das competências e dos relacionamentos envolvidos no processo. *Revista de Administração, Contabilidade e Economia da FUNDACE*, v. 3, n. 1, p. 1-13, 2012.

CHECKLAND, P. B. *Systems thinking*: systems pratice. New York: John Wiley, 1981.

COHEN, H. *Você pode negociar qualquer coisa*. Rio de Janeiro: Record, 1980.

COHEN, H. *Você pode negociar tudo!* Rio de Janeiro: Elsevier, 2005

DAFT, R. L. *Management*. 2. ed. New York: Dryden Press, 1991.

FERREIRA, A. B. de H. *Míni Aurélio*: O Dicionário da Língua Portuguesa. Curitiba: Editora Positivo, 2013.

FISHER, R., BROWN, S. *Getting together*: building relationships as we negotiate. New York: Penguin Books, 1989.

FISHER, R.; URY, W.; PATTON, B. *Como chegar ao sim*: a negociação de acordos sem concessões. Rio de Janeiro: Sextante, 2018.

GIBBONS, P., McGOVERN, I. *How to prepare, present and negotiate* a business plan. Cingapura: EPB, 1994.

GUTIÉRREZ, J. L. F. *Creación de un programa permanente de reflexión ética de la gerencia de empresas*. Santiago: Universidad Diego Portales, Facultad de Ciencias Administrativas, 1994.

HAMPTON, D. R. *Administração*: comportamento organizacional. São Paulo: McGraw-Hill, 1991.

HANDY, C. *Understanding organisations*. New York: Penguin Books, 1983.

HERSEY, P.; BLANCHARD, K. *Psicologia para administradores de empresas*. São Paulo: Editora Pedagógica e Universitária, 1974.

HODGSON, J. *Thinking on your feet in negotiations*. Londres: Pitman, 1996.

JANDT, F. E. *Win-Win negotiating*: turning conflict into agreement. New York: John Wiley & Sons, 1985.

JUNQUEIRA, L. A. C. *Negociação*: tecnologia e comportamento. Rio de Janeiro: Cop, 1984.

KATZ, R. L. Skills for effective administrator. Disponível em: https://hbr.org/1974/09/skills-of-an-effective-administrator. Acesso em: 2 abr. 2020.

KARRASS, C. L. *The negotiating game*: how to get what you want. New York: Harper Collins, 1994.

KOHLRIESER, G. *Refém na mesa de negociação*. Curitiba: Nossa Cultura, 2013.

LAX, D. A.; SEBENIUS, J. K. *The manager as negotiator*: bargaining for cooperation and competitive gain. New York: Macmillan, 1986.

LEBEL, P. *L'art de la négociation*. Paris: Les Éditions D'Organisation, 1984.

LEWICKI, R. J.; HIAM, A.; OLANDER, K. W. *Think before you speak*: a complete guide to strategic negotiation. New York: John Wiley & Sons, 1996.

LEWICKI, R. J.; LITTERER, J. A. *Negotiation*. Homewood: Irwin, 1985.

LEWICKI, R. J.; LITTERER, J. A., SAUNDERS, D. M.; MINTON, J. W. *Negotiation*: readings, exercises and cases. 2. ed. Homewood: Irwin, 1993.

LEWICKI, R. J.; SAUNDERS, D. M.; BARRY, B. *Fundamentos de negociação*. Porto Alegre: AMGH, 2014.

KILMANN DIAGNOSTICS LLC. Thomas-Kilmann conflict mode instrument. Profile and Interpretative Report. Disponível em: https://kilmanndiagnostics.com/overview-thomas-kilmann-conflict-mode-instrument-tki. Acesso em: 20 set. 2019.

MA, Z.; LEE, Y.; YU, K. Ten years of conflict management studies: themes, concepts and relationship. *International Journal of Conflict Management*, v. 19, n. 3, p. 234-248, 2008.

MARCONDES, D. *Como chegar à excelência* em *negociação*: administrando os conflitos de forma efetiva para que todos ganhem. Rio de Janeiro: Qualitymark, 1993.

MARTINELLI, D. P. *A evolução da teoria da administração e a hierarquização de sistemas*. Tese (Doutorado) – Faculdade de Economia e Administração, Universidade de São Paulo, São Paulo, 1995.

MARTINELLI, D. P. *Negociação empresarial*. São Paulo: Manole, 2002.

MARTINELLI, D. P. On the world-wide search for a new paradigm in management. *In*: 39º Congresso Anual da ISSS (International Society for the Systems Sciences), 1995.

MARTINELLI, D. P.; ALMEIDA, A. P. *Negociação*: como transformar confronto em cooperação. São Paulo: Atlas, 1997.

MARTINELLI, D. P.; ALMEIDA, A. P. The art of negotiation: the pursuit of win-win and the evolution of human consciousness. *In*: 40º Congresso Anual da ISSS, 1996.

MARTINELLI, D. P. NIELSEN, F.; MARTINS, T. M. *Negociação*: conceitos e aplicações práticas. São Paulo: Saraiva, 2012.

MATOS, F. G. *Negociação gerencial*: aprendendo a negociar. 2. ed. Rio de Janeiro: José Olympio, 1989.

MAUBERT, J. F. *Negociar*: a chave para o êxito – a compreensão do fenômeno da arte da negociação. Mem Martins: Cetop, 1991.

MILLS, H. A. *Negociação*: a arte de vencer. São Paulo: Makron Books, 1993.

MISSNER, M. *Ethics ofthe business system*. Sherman Oaks: Alfred Publishing, 1980.

NIERENBERG, G. I. *The art of negotiating*. New York: Simon & Schuster, 1981.

NIERENBERG, G. I.; COLERO, H. M. *How to read a person like a book*. Northamptonshire: Thorsons, Wellingborough, 1974.

NYSTRÖN, H. *Technological and market innovation*: strategies for product and company development. Englewood: John Wiley & Sons, 1990.

PESSOA, C. *Negociação aplicada*. São Paulo: Atlas, 2009.

PINTO, E. P. *Negociação orientada para resultados*: como chegar ao entendimento através de critérios legítimos e objetivos. São Paulo: Atlas, 1991.

PINZÓN, L.; VALERO-SILVA, N. A proposal for a critique of contemporary mediation techniques: the satisfaction story. *Research Memorandum*, n. 14. Hull: The University of Hull, n. 14, 1996.

POLLAN, S. M.; LEVINE, M. *The total negotiator*. New York: Avon Books, 1994.

PORTER, E. H. *Strength deployment inventory manual* of administration and interpretation. Pacific Palisades: Personal Strengths Publishing, 1973.

PRADO, L. S. *Negociação e relacionamento entre compradores e vendedores*: um estudo aplicado na distribuição de defensivos agrícolas. 319 f. Tese (Doutorado) – Faculdade de Economia, Administração e Contabilidade de Ribeirão Preto, Universidade de São Paulo, Ribeirão Preto, 2016.

RAIFFA, H. *The art and science of negotiation*. Washington: Library of Congress Cataloging-in-Publication Data, 1982.

RAPOPORT, A. *Flights, games and debates*. Ann Arbor: Universidade de Michigan, 1966.

RECK, R. R.; LONG, B. G. *A negociação ganha-ganha*: como negociar acordos favoráveis e duradouros. 4. ed. São Paulo: Saraiva, 1994.

ROBINSON, C. *Effective negotiating*. Londres: Clays, 1996

ROJOT, J. *Negotiation*: from theory to practice. Hong Kong: Macmillan Academic and Professional, 1991.

SALAMAN, G. Management development and organizational theory. *Journal of European Industrial Training*. v. 2, n. 7, 1978.

SHELL, G. R. *Negociar é preciso*: estratégias de negociação para pessoas de bom senso. São Paulo: Pioneira, 2001.

SPARKS, D. B. *A dinâmica da negociação efetiva*: como ser bem-sucedido através de uma abordagem ganha-ganha. São Paulo: Nobel, 1992.

STEELE, P.; MURPHY, J.; RUSSELL, R. *It's a deal*: a practical negotiation handbook. 2. ed. Londres: McGraw-Hill, 1995.

THOMAS, K. Conflict and conflict management. *In*: DUNNETTE, M. D. (org.). *Handbook* of *industrial and organizational psychology*. Chicago: Rand McNally College Publishing, 1976.

THOMAS, K. W.; KILMANN, R. H. *Thomas-Kilmann conflict mode survey*. New York: Xicom, 1975.

THOMPSON, L. L. *O negociador*. São Paulo: Pearson, 2009.

URY, W. *Getting past no*: negotiating your way from confrontation to cooperation. New York: Bantam Doubleday Dell Publishing Group, 1993.

URY, W. *Como chegar ao Sim com você mesmo*. Rio de Janeiro: Sextante, 2015.

VLIERT, E. V. de; KABANOFF, B. Toward theory-based measured of conflitct management. *Academy of Management Journal*, v. 33, n. 1, p. 199-209, 1990.

WEEKS, D. *The eight essential steps to conflict resolution*: preserving relationships at work, at home, and in the community. New York: G. P. Putnam's Sons, 1992.

ÍNDICE ALFABÉTICO

A
Abordagem dos estilos associada ao *Dual Concern Model*, 102
Acomodação, 42
Acordo(s), 27
   de parceria, 19
   de paz no Oriente Médio, 114
Ampliação das suas próprias forças, 87
Análise do conflito, 38, 39
Antarctica, 125
Arbitragem, 58, 62

B
Barganha de posições, 14
Budweiser, 125

C
Capacitação das forças, 87
Classificação
   de Gottschalk, 75
   de Lebel, 48
   de Marcondes, 88
   de Sparks, 50
   LIFO de Atkins e Katcher, 81
   proposta por Shell, 104
Competição, 24
Competidor, 105
Comportamento ético, 22
Compromisso, 43
Comunicação não verbal, 5
Confiança, 68
Conflito(s), 33
   ações e resultados conforme tipo e intensidade do, 45
   administração dos, 42

análise do, 38, 39
crescimento e desenvolvimento dos, 40
de caminho, 51
de igual para igual, 49
de interesse, 49
de opinião, 49
de posse, 49
de recursos, 50
de valor, 51
destrutivos, 38
e negociação, 39
efeitos positivos e negativos dos, 36
enfoques de resolução de, 55
   da barganha, 55
   da conquista, 55
   da solução rápida, 56
   de se esquivar, 55
   do *role-player*, 56
entre as instituições e organizações da sociedade, 49
espontâneos e conflitos voluntários, 49
hierárquicos, 49
individuais, 49
litigioso, 41, 46
mediação e arbitragem, 58
menos intensos, 41
muito intensos, 41
nas organizações, 47
natureza dos, 48
negociação nos, 57
neutros ideologicamente, 49
níveis de, 40
origens dos, 34
paradoxal, 41, 46
passos para a resolução de, 57

percepções equivocadas sobre, 53
predomínio do, 39
raciais, 49
resolução dos, 54
resultados positivos do, 36
situações de, 41
terminal, 41, 45
visão diferente, 51
Controle, 68
Coreia do Sul, 137

D
Deferência, 68
Dependência entre estilos e faixa etária, 96
Desconsideração, 68
Diretrizes para lidar com os oponentes, 74
Discussões difíceis e tomada de decisões, 27
Dominação, 42
Domínio
da legislação, 22
da livre escolha, 22

E
Estilo(s)
adapta e negocia, 85
afirmação, 89
amigável, 69
atração, 91
básicos, 69
caloroso, 77
colaborativo, 101
comportamental(is)
em relação à escolaridade, 95
na realidade brasileira, 93
confrontador, 70
contestador, 101
da aceitação, 102
dá e apoia, 84
da retirada, 102
de acomodar, 104
de colaboração, 104
de competição, 103

de evitar, 104
de frente, 86
de fundo, 86
de negociação, 75
baseados no modelo de personalidade, 68
de Hitler e de Gandhi, 131
"destensão", 91
do compromisso, 101, 104
dos números, 79
duro, 76
evasivo, 69
"evita conflito", 105
ligação, 90
mantém e conserva, 85
na solução de conflitos, 100
negociador, 80
persuasão, 90
restritivo, 69
táticas básicas, 71
toma e controla, 84
transigente, 105
versus nível hierárquico na empresa, 95
Estratégia(s)
colaborativa, 15
competitiva, 15
de acomodação, 15
de evitar, 15
do compromisso, 15
para a ação, 87
Ética, 20, 21
e competição, 24
e justiça, 24
e lucro, 23

F
Falhas conflitantes, 49
Força negligenciada, 86
"Fraude" e "disfarce", 24
Frateschi, empresa, 112

G
Ganhos mútuos, 12

ÍNDICE ALFABÉTICO 149

I
Impulsos, 68
Informação, 10

J
Japão, 137
Justiça, 24

L
Lei de arbitragem, 63
Lucro, 23

M
MAANA (melhor alternativa à
  negociação de um acordo), 17, 28
Mediação, 58, 60
Melhor alternativa à negociação de um
  acordo (MAANA), 17, 28
Método da solução integrativa de
  problemas, 44
Mudanças de estilo, 75
  diretiva, 75
  natural, 75
  reativa, 75

N
Negociação(ões), 3, 5
  classificação dos diversos estilos de, 67
  comercial internacional, 112
  conflito e, 39
  distributiva, 27
  e ética, 20
  efetiva, 17
  entre sem-teto e governo, 135
  estágios ou etapas, 27
  estratégias em, 14
  etapas, 13
  ganha-ganha, 4
  ganha-perde, 4
  habilidades básicas em, 6
  internacionais, 29, 122
  mediada, 60
  no mundo empresarial, 25
  nos conflitos, 57
  principais definições, 4

Negociador(es)
  analítico, 16
  de nível internacional, 30
  efetivo, 16, 20
  habilidades essenciais dos, 7
  intuitivo, 16
  relativo, 16

O
Orientação e pesquisa, 27

P
Planejamento da negociação, 11
Poder(es), 9
  circunstanciais, 10
  pessoais, 10
Predomínio do conflito, 39
Prestativo o estilo prestativo, 105
Princípio da reciprocidade, 15

R
Recursos compartilhados, 36
Reformulação das estratégias, 27
Relação entre estilo gerencial e gênero, 96
Resistência, 27
Resolução de conflitos bem-sucedida uso
  dos diversos estilos e benefícios da, 105
Resultado
  "ganha-ganha", 47
  "ganha-perde", 45
Rondini Comércio Exterior, 122

S
Sabonetes Lux Luxo, 109
Seguimento, 27
Sequestro no Paraná, 128
Sistema LIFO, 83
Solução integrativa de problemas, 43
Solucionador de problemas, 105

T
Tática(s)
  da amostra, 72
  da apresentação

das virtudes para encobrir
fraquezas, 72, 73
   de informações seletivas, 72
da formação de grupo, 73
da retirada, 72
da reunião, 72
de equanimidade ou moderação nas
atitudes, 73
de linhas cruzadas, 73
de rebaixar, 71
do choque, 72
do estilo
   amigável, 73
   confrontador, 74
   evasivo, 72
   restritivo, 71
do representante, 71
dos limites
   artificiais, 73
   reais, 74
   irrevogável, 71
Tempo, 8
Thompson, J. Walter, 109
Tomada de decisões éticas, 23
   enfoque de justiça, 23
   enfoque individualista, 23
   enfoque moral, 23
   enfoque utilitário, 23
Tratado de Camp David, 118

U
União Europeia, 137

V
Variáveis
   básicas do processo de negociação, 8
   cruciais, 8
Visão de mundo, 106